现代高等学校管理与创新研究

刘新楼 著

吉林摄影出版社
·长春·

图书在版编目（CIP）数据

现代高等学校管理与创新研究 / 刘新楼著． -- 长春：吉林摄影出版社，2022.10
ISBN 978-7-5498-5573-5

Ⅰ．①现… Ⅱ．①刘… Ⅲ．①高等学校－学校管理－研究 Ⅳ．①G647

中国版本图书馆CIP数据核字（2022）第214323号

现代高等学校管理与创新研究
XIANDAI GAODENG XUEXIAO GUANLI YU CHUANGXIN YANJIU

著　　者	刘新楼
出 版 人	车　强
责任编辑	王维夏
封面设计	文　亮
开　　本	787毫米×1092毫米　1/16
字　　数	220千字
印　　张	10
版　　次	2022年10月第1版
印　　次	2023年1月第1次印刷
出　　版	吉林摄影出版社
发　　行	吉林摄影出版社
地　　址	长春市净月高新技术开发区福祉大路5788号
	邮编：130118
网　　址	www.jlsycbs.net
电　　话	总编办：0431-81629821
	发行科：0431-81629829
印　　刷	河北创联印刷有限公司
书　　号	ISBN 978-7-5498-5573-5　　定　价：56.00元

版权所有　　侵权必究

前　言

　　创新是民族进步的灵魂，是国家兴旺发达的不竭动力，它解放了生产力，是社会前进的火车头。同样，创新也是教育事业发展的根本动力。随着全世界经济的全球化，科学技术的飞速发展以及人才竞争的日益激烈化，高等学校的管理也应该改变传统模式下的管理制度和方法，建立创新型管理模式，以思想创新为指导，制度创新为保证，强调教师的主导地位和学生的主体地位，尊重学生个性，营造一个有学术氛围、自由宽松的环境，培养适应社会发展的创新型人才。

　　管理的目的是追求和实现确定性与安全感，引领管理过程和手段，影响管理结果。确定性和安全感在不同类型的组织中有不同的表达和承载形式。学校组织与政府、企业组织不同，管理目的和取向及其表述也不同。教育目的、使命、功能和任务规约了学校管理目的。学校管理目的不是意义孤岛，而是浓缩和铺陈在人类社会背景上的一个意义联合体，尽管它是一个风景小窗，画幅不大，却风景这边独好。其表达形式之一就是学校管理达到三个与众不同的目的。这里的学校包括学校个体和群体，包括具体学校和抽象意义的学校。

　　当代高等学校管理的每种目的和价值取向的实现都对应着多种管理方法和手段，成为引导学校管理精准向好的组织本领，微妙性和审美取向渗透和弥散在四种主要的管理手段中。每种手段都是对当代高等学校管理取向的匹配选择，管理手段充满辩证，追求利大于弊，也不排除管理风险、零失误和零风险的管理存在。学校管理者运用四种组织本领和管理手段增大管理价值，降低管理风险和减少损失，最大限度地实现确定性和安全感，努力建设美好的教育生活。

　　无论管理过程如何精心设计和控制，都不可避免地产生理性和非理性两种结果，成果就是好的理性管理结果。成果可见化是学校取得那些看得见、摸得着的鼓舞人心的充满激励意义的管理成就，包括学生成长成就、教师工作成就和学校获得的组织成就，其目的是通过清点、盘算和利用好的管理结果强化学校成员信心和获得感，确保学校质量持续提高。

目 录

第一章 现代高等学校管理的基本理念 ... 1
    第一节 持续健康发展的理念 ... 1
    第二节 以人为本的理念 ... 10
    第三节 自主创新能力的理念 ... 15
    第四节 民主与科学的理念 ... 21
    第五节 依法办学的理念 ... 25
    第六节 面向世界的理念 ... 29

第二章 现代高等学校管理中的内外部关系 ... 34
    第一节 高等学校管理中的内部关系 ... 34
    第二节 高等学校管理中的外部关系 ... 41

第三章 现代高等学校管理概述 ... 53
    第一节 高等学校组织特征 ... 53
    第二节 高等学校管理体制 ... 56
    第三节 高等学校组织结构 ... 59
    第四节 高等学校管理原则 ... 62
    第五节 高等学校管理者 ... 66

第四章 现代高等学校的教育与教学管理 ... 73
    第一节 教育教学管理的地位与依据 ... 73
    第二节 教育教学管理的理念与原则 ... 76
    第三节 教育教学管理的机构与要素 ... 82
    第四节 教育教学管理的模式与制度 ... 86
    第五节 教育教学管理的规划与实施 ... 91

第六节 教育教学质量的评价与监控···106

第五章　现代高等学校学生管理···119
第一节 高校学生管理内容··119
第二节 高校学生管理原则··121
第三节 高校学生管理的一般规律···128

第六章　现代高等学校管理创新理念···134
第一节 高等学校教育管理创新模式··134
第二节 高等学校学生管理德育工作模式···137

第七章　现代高等学校管理创新的内容···142
第一节 高等学校档案管理工作的创新··142
第二节 高等学校内部管理创新··144
第三节 高等学校行政管理创新··146
第四节 高等学校校院两级教学管理创新···149

参考文献···153

第一章　现代高等学校管理的基本理念

高校管理理念，是人们对高等学校管理中管理权力的分配和限制、权力资源的配置、不同权力主体的地位和作用的总的看法。它隐藏在众多管理行为背后，对高校管理活动起着支配作用。因此，在高校管理活动中最重要的是形成与高校管理规律和社会发展相适应的管理理念。新世纪高等学校的管理理念产生于新世纪高等教育发展的时代背景下，孕育于新世纪高等教育的时代变化中，归属于新世纪高等教育发展的时代目标。因此，新世纪高等学校管理的基本理念形成了新的富有时代特征并具有鲜明的"中国特色"的科学管理理念。这些已经形成的而且正在不断完善的高等学校管理理念，正以其焕发出的旺盛生命力和顽强的战斗力推动着中国高等教育的不断发展和进步。

第一节　持续健康发展的理念

高校管理的目的就在于为高校的发展提供保证，保证我们的高校在发展过程中克服自身的种种缺陷与困难，促使高校的发展形成良好的态势，并不断地进行着定位与改革，从而使得我们的高校持续健康发展。这种发展是不断的、具有向上的冲劲与动力；这种发展也是健康而有益的，不会损伤个人、集体或国家的利益；这种发展也是进步的，代表着高校发展的总趋势。

一、科学发展观是高校持续健康发展的指导思想

我国高等教育中非科学发展的教育现象或倾向还很突出，高校在目前发展过程中存在着许多与科学发展观相违背的倾向，这些倾向严重制约了高等院校的发展，影响了高等教育内部结构的优化和提升。因此，要保证新时期高校持续健康发展，就必须树立和落实科学发展观。科学发展观是对我国长期发展的经验总结和理论升华，是全面建设小康社会和现代化建设始终要坚持的重要思想。它为中国高等教育的持续健康发展指明了方向，也为中国高等教育的发展提供了方法指导。其基本内涵是：人本、全面、协调、持续。其中，人本是核心，全面、协调、持续是由人本派生出来的。以

人为本是发展的目的和归宿；全面是指经济与社会同步发展、经济与政治同步改革、物质与精神同步建设；协调是全面发展的保证；持续就是要解决好当前和长远的矛盾。据此，以人为本的高等教育科学发展观，就是要着眼于人的全面发展，以满足国民享受高等教育需求的根本利益为目的，全面协调不同地区、不同阶层、不同领域的人享受高等教育的机会，促进高等教育持续健康地发展。

（一）科学发展观为高校提供了发展理念

我国高等教育已进入大众化发展阶段，高等教育正处于新一轮的大发展、大变革之中。在改革发展的关键时期，出现了一系列亟待解决的新问题、新矛盾，迫切需要新的发展观为其提供科学理念的指导。科学发展观对澄清高等教育发展过程中的一些模棱两可的思想有着重要推动作用，对我国高等教育在发展中不断统一思想、统一观念、统一行动有着巨大的指导意义。

（二）科学发展观为高等学校提供了发展方向

科学发展观是全面和谐的、可持续发展的发展观，是科学发展理念的统一体。科学发展观中的以人为本、全面、协调、可持续发展理念为我国21世纪中国高等教育的健康发展指明了成功之路。当前，中国高等教育中存在着一些错误的、非科学的发展观，存在着非理性因素影响的高等学校发展观。科学发展观的提出，对剔除中国高等教育发展过程中的非理性因素，对未来中国教育改革和发展都提供了方向指导。

（三）科学发展观为高等学校提供了发展策略

科学发展观提供了发展的方法论，同样也为中国高等教育的发展提供了方法指导。科学发展观思想为高等学校把握工作重心、改进工作方法提供了指导，也提供了一种分析问题、解决问题的思路和策略。

科学发展观是邓小平理论、"三个代表"重要思想在新的形势下的继承、创新和发展，是高校持续健康发展的保证，中国教育存在的许多问题必须在科学发展观的指导下才能得到真正的解决。新世纪中国高等教育的发展只有在科学发展观的指导下才能发挥它的先导性产业作用。基于以上的认识，高校发展要坚持以下基本要求：

第一，坚持以人为本，突出人的发展。以人为本，就是以人为价值的核心和社会的本位。一切教育都必须以人为本，这是现代教育的基本价值，高等教育亦不例外。就高校而言，以人为本就是以学生为本，强调以学生为中心，以学生的发展为出发点和落脚点，一切为了学生，一切服务于学生，使学生在思想品德、知识结构、身心素质、文化修养等方面得以全面发展。教育教学工作要以服务学生全面发展为重点，以学生成长成才为中心，大力推进全面素质教育，整合学校教育、管理资源，建立起帮助学生成长，解决学生困难，方便学生学习生活，维护学生权益的服务体系，真正做到关心学生困难，关爱学生进步，关注学生就业；同时把以人为本体现在人文关怀和道德情感上，构建大学的人文精神，在大学中真正形成尊重人、关心人、体贴人、帮助人、温暖人、教育人、塑造人的良好氛围。

第二，坚持全面发展，发挥人的潜能。以人为本解决的是高校发展的动力和目的问题，而全面、协调、可持续发展解决的是高校发展的方式问题。其中，全面发展强调的是量和广度的扩张，但这种扩张并非是"面面俱到"。全面发展是相对的类与个体全面发展的统一，针对个体的全面发展，应该是"一般发展"与"特殊发展"的统一，是个体有独特性的全面发展。高校要坚持全面发展观，一是要科学定位，树立科学的定位观。由于历史和现实等多方面原因，因而每所高校的情况都不一样。因此，不同的高校应根据自身在办学类型、规模、层次、特色等方面准确定位，精心研究，确定办学思路和建设方略，形成自身特色和个性化优势，而不应该面面俱到，办成一个面孔。二是注重内涵，兼顾外延，重点是以质取胜。内涵发展是实质，是以充分挖潜为基础的，这符合我国的国情，是一种良性的机制，也符合高等教育自身的发展规律。但一味地强调"内涵式"发展，则发展的空间、争取的资源会受到限制，不利于高等教育大众化目标的实现；而一味地扩大"外延"，不尊重教育规律，忽视客观条件，规模膨胀过快，招收的学生越来越多，教学资源相对越来越紧缺，也必然会以牺牲教学质量和人才培养的规格下降为代价。因此，大学既要保持发展的适当规模，又要集约化地提高教育质量，最重要的是以质取胜，保证办学质量，而不是粗制滥造，批量产出不合格"产品"。三是优化结构，要坚持"有所为有所不为"。结构是规模和效益的基础。高校要树立全面发展观，并不意味着每所高校都要形成一个从成人教育到专科、本科、硕士、博士、博士后完整的教育体系，而是要根据自身定位有所侧重，突出重点和特色。全面的发展观应该更多地体现在大学围绕自身发展重点的结构优化上，也就是说，在大学本身的重点建设领域内搞好结构调整、优化和完善，把学科、人才培养、教学科研、师资队伍建设等各方面结构调整到相互促进、齐头并进的状态。

第三，坚持协调的发展观，兼顾目标与利益的统一。高校是一个完整的系统。从横向看，它由教学、科研、人事、后勤等子系统构成；从纵向看，它又由各个院系子系统构成，各个院系子系统又由各个专业、教研室、实验室等更小的单元系统构成。这是一个复杂的子系统序列。在这种纵横交错的关系联络中，由于各自利益、地位、出发点不同，不可避免地产生系统冲突和矛盾。坚持协调发展观，就是要运用系统原理，一方面要把冲突破坏的可能性减少到最低水平；另一方面，使冲突产生积极、有效的结果，产生最大效益。高校的三大基本职能，决定了它的首要任务是培养人才。学校要以育人为中心，其他各方面的工作都要自觉地服从、服务于这个中心。在一个相当长的时期内，高校教学与科研的关系不是负相关而是正相关，科研水平的提高有利于教学质量的提升，因此，要妥善处理好教学与科研的关系，防止出现将两者对立起来的片面做法。高校作为一个整体，构成它的各个部分都承担着不同的职能和任务，哪方面工作不到位，都势必影响学校事业的发展。因此，既要确保育人、科研等主体发展，也要兼顾其他系统的发展。同时，高校还应重点从两个层面推进学校的协调发展：一是推进学科的交叉融合与协调发展。在认清自身特色的基础上，运用交叉学科力量，构筑新兴学科群落，组建跨学科的教学与科研中心，为知识创新和技术创新提供沟通与交融的平台。二是推进产学研的相互配合和协调发展。着力推进教学、科研、产业的协调配合。高校要在坚持教学中心地位和育人为本理念的同时，面向科学技术前沿和国民经济主战场，促进科技创新，推进学科交叉和技术集成。

第四，坚持可持续的发展观，注重发展的后续力。一般地讲，可持续性是指某一事物可以持久或无限地维护或支持下去的能力，即"满足当代的需要，同时不损及未来世界满足其需要之发展"。作为一种发展理念，可持续发展要求建立经济、社会、资源、环境相统一的思想观念和行为规范。坚持高校可持续发展原则，要求高校的发展既要满足于当前需要，更要着眼于未来的发展，要形成具有可持续性的发展能力和发展后劲，促进高校健康、稳定地发展进步。对于高校来说，要办出水平和特色，在高等教育竞争中占有一席之地，就必须培养和创造一种能够源源不断产出高质量成果（包括人才、研究成果等）的"可持续创新能力"，培育高校核心竞争力，激发学校可持续发展的活力。

二、正确的办学方向是新时期高校持续健康发展的根本保证

当今世界发生了重大而深刻的变化，尤其是在市场和功利因素激增的情况下，我们必须确保把全面发展的人才观在学校工作中贯彻始终，防止学校变"学店"，防止学校商业化。我们必须在新形势下重新审视高校的办学方向问题，即高等学校应该坚持什么样的办学方向和怎样坚持这样的办学方向的问题。高等学校必须始终坚持社会主义办学方向，实质上就是培养什么人、怎样培养人的问题。高等学校培养学生的目标必须是既要合格又要可靠，既要有较高的业务素质，能够成为中国特色社会主义事业的合格建设者，又要有良好的思想政治素质，能够成为中国特色社会主义事业的可靠接班人。

高校作为汇聚人才的高地和培养人才的基地，同国家的经济、政治、文化发展关系十分密切，在建设中国特色社会主义伟大事业中处于极其重要的战略地位。高等学校坚持正确的办学方向，不仅对高等学校自身的改革、发展、稳定关系重大，而且对党和人民的事业影响深远。因此，高等学校坚持正确的办学方向有着十分重要的现实意义和长远意义。只有坚持马克思主义在高校的指导地位，牢牢把握高校的社会主义办学方向，全面贯彻党的教育方针，才能办好让人民满意的高等教育。高校是培养人才的基地，也是人才聚集的高地，必须始终坚持正确的政治方向；高校是思想文化的

阵地，必须始终坚持马克思主义在意识形态领域的指导地位；高校是政治生活、社会生活最敏感的地方，必须经常准备应对突发事件和复杂局面；高校必须旗帜鲜明地坚持四项基本原则。

坚持正确的办学方向是新时期高校持续健康发展的思想政治保证。坚持社会主义办学方向，高等学校才能全面贯彻国家教育方针，与时俱进，开拓进取，不断深化教育教学改革，从而保证高等学校管理思想地正确实施。坚持社会主义的办学方向是高等学校办学过程中必须解决好的重大问题，各级各类学校都应该把确保坚持正确的政治方向放在学校工作的首位。高等学校只有坚持正确的办学方向，进一步巩固马克思主义在高校的指导地位，把坚持正确的政治方向贯穿于学校工作的各方面、贯穿于人才培养的全过程，才能促进高等教育全面协调可持续发展，努力完成高校在人才培养、知识创新和社会服务方面肩负的使命。

社会主义高等学校肩负着培养社会主义事业建设者和接班人的重要使命，新世纪中国高等教育的发展处于各种社会思潮在校园中汇聚和激荡的环境中。在这种情况下，我们要特别重视加强马克思主义理论和社会主义思想对意识形态领域的主导作用，防止高等学校"西化"。因此，学校要以教学质量为生命线，以学生全面发展、健康成长作为我们社会主义办学的基本理念，努力使学生的德育水平与社会价值导向接轨，要充分发挥"两课"在学生思想政治工作中的主渠道作用，提高用马列主义、毛泽东思想、邓小平理论、"三个代表"重要思想以及科学发展观来武装学生头脑的针对性、有效性。

三、科学定位、改革进取、办出特色、显现优势、形成个性，是高校持续健康发展的关键

高等学校对人才的需求是多种多样的，因此在各种类型和层次上，都需要高水平的名牌学校，也只有各个层次上都有高水平的名牌学校，高等教育的整体结构才是最优化的，高等教育才具有较高的整体素质。因此，科学定位、改革进取、办出特色、显现优势、形成个性，是高校持续健康发展的关键。

（一）高等学校应根据自身特点科学定位

我国高等教育已进入大众化阶段，从精英教育走向了大众教育，高等教育的大众化必然伴随着高等教育结构的多样化、多层次化。高等学校应当适应多样化的社会需求，进行合理的定位。

高等学校因自身条件、目标的不同分为不同的学校类型，即研究型、研究教学型、教学研究型和教学型；因培养规格的不同而培养出的人才层次不同，即培养研究生、本科生、高职高专生；因培养人才特点不同而分为不同的人才类型，即研究型、研究

应用型、应用型人才。各国的大学都有追求卓越发展的愿望，这种办学理想集中体现在教学和科研上，但是不能简单地认为大而全是好的、质量是高的，高等学校必须根据自身的历史条件，充分考虑自身的办学实力和现实状况，坚持量力而行的原则。要了解自己的发展历史，熟悉家底，明白优势和劣势，从校情出发，恰如其分地找准自己的位置，设定自己的发展空间，实现高校的可持续发展。

目前高等学校的分类与定位突出的是高校的学科比例以及各校在科研水平上的层次差异。研究型大学固然有较高的知识创新能力，但这并不是要求所有的高校都力争办成研究型大学，每所大学既有自己的学科优势，也有自己办学的局限性。培养人才、创新知识、服务社会虽然是高校的三大基本职能，但并不等于任何一所高校都能齐头并举地发挥这三种职能，各高校只能是根据自身的条件和社会的需要，有所侧重地发挥其职能。高等学校中既有注重基础研究的"研究型大学"，也有注重应用的"应用型大学"，高校分类标准应突出高校在职能发挥上的特点，高校自身也应该找准自己的定位，突出本校特点和优势，最大限度地发挥好应有的职能，这也正是各高校的办学特色所在。既要根据综合实力来对高校进行分层、分类，又要依据高校的不同特点来分型，从而突出各校的办学特色和优势。要引导高校分类型、分层次发展，让各个不同层次的学校有自己的定位和发展方向，各有特色、互不替代，而不是一种模式，一种标准。

科学发展观是21世纪我国的高等教育事业发展的核心理念，在科学发展观的指导下，经过不断探索，高等学校的分类和定位必将得到科学而合理的解决，我国的高等学校也将充满活力，获得可持续性的健康发展。高校的发展定位必须适应国家和社会发展的要求，要把它放在整个国家、社会发展的背景中去把握，充分认识到自身在现代化建设中的地位和作用，坚持教育与实践相结合，树立为社会服务的意识，把社会的需求纳入到自身的发展目标中，这样的高校发展才是持久的，才能符合社会需求，才能从社会中吸取可持续发展的深厚力量。国内教育形势为高校改革发展提供了良好的发展机遇，高等院校的学科建设是高校改革发展工作的重中之重，是一个学校发展的生命力所在。高等院校的办学定位一定要明确，学科建设要坚持特色，要有自己的长项和优势。教育部和地方政府都应当鼓励和支持高等院校走特色发展的道路。

（二）高等学校应根据时代要求改革进取

当前我国正处于进一步推进改革和发展、保持经济社会良好发展态势的关键时期，也是推动教育事业全面协调、可持续发展的关键时期。在教育改革与发展过程中，高等学校一定要从科教兴国的高度，充分认识发展高等教育事业的重要意义，以科学发展观统领教育工作全局，振奋精神，开拓进取，不断巩固教育改革与发展的大好局面。

高校改革的深入发展和国家教育规模的扩大，为高校发展带来了改革进取的大好机遇。当今世界各国对科技和人才的竞争日趋激烈，我国高等教育面临严峻挑战。面对挑战，高校的改革要有新思路、新举措。高等学校要坚持教育创新，深化教育改革，优化教育结构，合理配置教育资源，提高教育质量和管理水平，全面推进素质教育。高等学校要勇于创新，不断开拓进取，为高校改革、发展与稳定做不懈努力。高等学校只有不断发展、进取，才能跟上时代发展的步伐。

（三）高等学校应根据发展主流办出特色

大学的办学特色是指一所大学在发展历程中形成的比较持久稳定的发展方式和被社会公认的、独特的、优良的办学特征，它是明显区别于其他大学的办学风格或优良特点，大学办学特色的灵魂是具有适应国家、社会发展的大学教育思想和办学理念。只有形成办学特色和优势才能提高学校的整体办学水平和核心竞争力，才能保持高校的可持续发展。

当今我国高等学校"千校一面"的现象严重。因此，高等学校要力戒教育模式雷同、教育能力趋同、培养目标相同的所谓"标准化"取向，一定要凭借自身优势，针对社会与个体的多元化教育需求，根据中国国情，立足于社会发展实际需要的办学理念，迅速找到自己准确的办学定位，办出自己的特色。

为此，高等学校应该着力加强学科建设，提高科学研究水平，充分利用本学校的教学与专业特色，在合理定位的基础上形成自身的特色。因为特色蕴含着优势，优势体现着竞争力，只有特色才有竞争力，才有生命力。各类型、各层次的学校都可以办出高水平、高质量，关键在于正确定位，办出特色。高校管理者在高校定位过程中，在对学校管理工作进行常规思考的前提下，应当遵循比较优势原则，从特色中找到自己生存和发展的新增长点，寻找一条符合本校实际、适应本校发展的路子，实现学校的全面、协调和健康发展。

（四）高等学校应根据科学发展显现优势

高校发展过程中的趋同及"高、大、全"倾向，最终将使高校在发展过程中丧失自己独特的发展优势，高等学校应根据科学发展观显现优势。

因此，高等学校要在科学定位、改革进取、办出特色的基础上，力争在学校的专业设置、专业培养目标、招生规模、硬件设施、教师队伍、管理队伍上显现优势，适应市场需要与社会发展要求，不断优化专业结构，提高办学水平；不断创新适应市场的办学体制和办学方式，使学校充满发展的生机和活力，从而发挥优势，办出特色，办出品牌，为经济发展发挥更大作用。

高等学校还要立足优势谋发展，应研究学校自身资源优势、所处环境的资源优势，立足优势，壮大优势，发挥优势，办出特色，办出品牌。将部分不适应市场需求的，或没有优势的专业等，该收缩的收缩，集中力量把优势专业做强，从而在办学规模、办学质量、效率、效益和社会认可度之间寻找一个能显现学校优势的最佳结合点。

（五）高等学校应根据自身优势形成个性

长期以来，我国一些高校，在办学理念、培养目标、办学模式等方面相似，不但缺乏多样性和竞争力，而且自我发展的动力严重不足。对一所大学来说，有个性才有特色，有特色才有活力，才能在竞争中求得生存和发展。个性化的发展模式，是高校提高竞争力和可持续发展能力的战略选择。高校应该更有效地向社会提供产品和服务，并从中获得自身发展的能力和综合素质，树立自己的品牌和形象。高等学校只有在办学层次、专业设置、学术目标、人才培养规格和培养模式、办学类型等方面确立个性化的办学理念，才能依靠个性化发展提升核心竞争力。

也就是说，高校应从办学理念、培养目标、培养方式、学科建设、专业设置、科学研究、管理模式等方面培育个性特征，以创新、求新、求异培育办学特色，实现个性化向办学特色的转变，以办学特色点上的突破带动学校的整体发展，提高综合竞争力。同时，办学特色要突出独特性、地域性和先进性，善于将历史传统、地域性特征和时代特征相结合，首先在于专业设置要有个性特征，专业的培养目标要有鲜明特色。专业设置的个性化要与人才培养个性化的培养目标相一致。同时，专业设置的个性化应充分体现基础性、专业性、前沿性和时代特征，突出个性特点，在个性化基础上提高人才培养的质量。

高等学校要加强对现状和发展趋势地研究与分析，结合实际与可能提出发展目标与战略。从学校的实际出发，体现教育的特色和学校的个性，把握机遇，不断创新，在特色和个性上寻找高等学校持续发展的生长点。要从实际出发，从办学的个性出发，从自身的特色和优势出发，紧密结合经济社会发展的需要和科学技术发展的趋势，通过创新实现非常规发展。

四、确保教学、科研质量，实现对内、对外和谐是高校持续健康发展的基础工作

高校要积聚持续健康发展的后续力，关键就是要狠抓内力，苦练"内功"。从目前我国高校生存发展的现状来看，办学质量和办学水平仍是高校生存与发展的根本问题。既然我国高校肩负着培养高等人才、实施科技创新和进行科技成果转化的三项重要任务，那么，我们要衡量高等学校的办学质量和办学水平，必须从以下三项任务完成的质量和水平来考虑，即高等学校是否能够培养出具有良好综合素质的创新型人才，是否能够站在世界相关学科的前沿领域不断提供具有世界先进水平或领先水平的科技成果，是否能够使科技成果最大限度地转化为现实生产力。因此，确保教学、科研质量，实现对内、对外和谐就处在高校持续健康发展的基础地位。

（一）确保教学、科研质量是高校持续健康发展的基础

教学质量是高校发展的生命线，科研水平是高校可持续发展的重要动力。教学和科研对大学而言，犹如车之两轮、鸟之双翼。

高校最基本的职能是教学，高校最主要的目标是培养符合社会需求的人才，高校的教学质量是高校发展的生命线，在高校的可持续发展过程中也是至关重要的一部分。在进入大众化阶段以后，高等学校应采取各种措施确保高等学校的教学质量。以科学的发展观指导和建立多元化分层次的高等教育质量评价体系和保障机制，这也是实现高等教育可持续发展的关键所在。对高校而言，科研状况良好是反映其是否具有竞争力以及高校科技水平和社会化程度高低的重要因素，注重学术是大学科学发展观的重要内涵。高校是知识创新的重要基地，承担着学术传播、交流和发展的重要任务。崇尚学术，营造发扬学术民主和学术自由、重视学术成就的浓郁学术氛围，是大学科学发展观的重要内涵。高校只有坚持这种理念，才能不断取得科学研究的丰硕成果，才能不断提高学校的学术水平和教学质量，学校的学术思想才能始终活跃在科学技术的前沿，为地方和国家的人才培养、知识创新和文化传播等做出应有贡献。教学质量直接影响人才培养，而科学研究则直接产生重要的科技成果，人才培养和科研成果在一定意义上就是代表学校办学水平的最终"产品"，人才培养和科学研究是高校的基本职能。确保教学、科研质量是高校持续健康发展的基础。

（二）实现高校对内对外和谐是确保高校教学科研质量的基础

调动学校各方面力量，实现高校内部和谐发展是高等学校发展的主要任务之一，也是确保教学科研质量的基础条件。这就需要加强高校教职工对高校内部管理的参与，调动各方面力量，协调好各方面利益，实现高校内部的和谐发展。学校领导层则必须尽最大的努力充分增强学校师生员工的凝聚力，激发师生员工干事创业的积极性和创造性，把激发干部职工的积极性，提高师生员工的工作效率作为高等学校科学发展的有力的体制保障。

高校还要建立良好的公共关系，实现与外部环境的和谐发展。高等学校必须扩大学校知名度，积极探索高校实现对外和谐的规律和途径，努力构建高校与社会和谐的工作格局，实现高校对外和谐工作的新突破，为加快高水平教学研究型大学建设步伐创造良好的外部环境。用"走出去、请进来"的各项形式和可能进一步加强与社会各界的联系，搭建学校与社会沟通的新平台，提高学校的对外形象。

加强高校与社会的合作，通过高校服务社会、社区，高校回报社会，在实践中为社会发展做出应有的贡献。通过高校服务社会的具体活动使社会了解高校，从而消除社会对高校的非理性认识，为高校发展创设良好的外部环境。高校通过与社会的互动彼此加强了解，消除摩擦，从而实现高校地对外和谐发展。

我们所要构建的社会主义和谐社会，是民主法治、公平正义、诚信友爱、充满活力、安定有序、人与自然和谐相处的社会。大学是社会的重要组成部分，它离不开社会的支撑和影响。实现高校对内对外和谐，积极推动社会和谐，是大学肩负的特殊历史使命。实现高校对内对外和谐也是和谐社会的一个重要组成部分，更是大学核心竞争力的集中体现。

落实科学发展观就是要把握全局，统筹兼顾，协调各方，充分体现尊重劳动、尊重知识、尊重人才、尊重创造，最广泛地调动一切积极因素，增强学校发展的动力。这就要求高校既要重视人才培养和教学工作在学校发展格局中的基础性、全局性、标志性地位，又要重视科学研究，发展知识创新和社会服务；而且应注意各方面的发展要适应资源配置和资源利用的协调，适应学校导向政策的协调，适应学校与社会公共关系的协调。要做到决策科学、执行高效、监督得力、减少风险，努力实现社会可持续发展和高校自身可持续发展的和谐统一。

第二节 以人为本的理念

科学发展观的本质和核心就是"以人为本"，高校管理工作以科学发展观为指导思想就是要求高校管理以人为本。"以人为本"是一种全新的管理理念，要求管理依靠人，尊重人，凝聚人的合力，实现人的潜能的开发，最终实现人的全面发展，实现组织的目标。人本管理有两层含义：一是以人为中心的管理，确立人在管理中的主导地位，以人作为管理的主体，即管理的根本任务在于调动人的主动性、积极性、创造性，最大限度地挖掘人的潜能；二是要把人当"人"去看待，以谋求人的全面与自由发展为终极目的，努力为满足人的自我实现的需要创造各种条件和机会。"以人为本"是现代教育价值观的核心。从高校长远发展来看，"以人为本"强调的是为人的主体性服务，突出的是人的发展。因为人是教育的中心，也是教育的目的；人是教育的出发点，也是教育的归宿；人是教育的基础，也是教育的根本。一切教育都必须以人为本，这是现代教育的基本价值。中共中央国务院颁发的《关于进一步加强和改进大学生思想政治教育的意见》，明确提出把"以人为本"作为加强和改进大学生思想政治教育的指导思想，强调高等学校要坚持以人为本，使教育贴近实际、贴近生活、贴近学生，使教育能够促进人的全面发展。

一、以人为本的内涵

高教管理活动是一项特殊的活动，它通过管理人员与教师、学生的双向互动进行。

传统的管理基本上依据"物—人—物"的理论，强调人的经济性和物质刺激；而现代管理的核心是以人为本，表现为一种"人—人—人"的理论，强调人的社会性与情感的作用。作为知识分子聚集与培养未来人才的场所，高校只有坚持以人为本的管理理念，才能充分挖掘教师和学生的潜能，调动其积极性、主动性和创造性，从而保证教育运行机制的正常运转，使高教管理达到预期的目标。

（一）以人为本就是以学生为本

对于教育来讲，以人为本就是在教育目的上要把满足人的发展需要、促进人的全面发展作为教育发展的根本出发点和落脚点，在教育过程中要关心人、尊重人、理解人、服务于人。教育是人的事业，是培育人的社会实践活动，没有哪一个领域能像教育这样与人有紧密的直接关联。既然培养人才在高校中具有至关重要的地位，那么高校管理工作就必须"以学生为本"，确立学生在高校中的主体地位，高等学校应该使教育真正服务人的全程生涯。这是高等教育落实"以人为本"科学发展观的重要方面。

以人为本就是以学生为本。以学生为本的理念是"以人为本"理念在高校管理工作中的具体运用，要求高校管理工作尊重学生，尊重学生的需要，尊重学生的价值，实现高校管理工作的学生参与，把学生当作有个性的人，而不是单纯的教育对象。

从学生在学校中的地位来看，学生既是学校的主体，也是学校的生存之本。以学生为本，就是强调学生是教育的主体，不是被灌输的客体，学生是具有主体性的个体，不是被教化的客体。作为学生自我生存、自我发展的要求，教育的目的就在于将社会要求转化为学生的自我要求，只有以人为本、以学生为本的教育才能真正达到教育的效果。

"以学生为本"的教育理念，其实质就是确立学生在教育中的主体地位，以学生的全面、和谐的发展为归宿，把学生看成是有生命、有灵性的人，用爱的眼光对待学生的缺点、问题，而不仅仅把学生看作是受教育者和被动的接受者。高校确立"以学生为本"的理念对于提高高校的教学质量和水平意义重大，能够更好地把德育过程中的知识学习与切身感受结合起来，把人格教育与知识教育结合起来，使高校生活不仅为学生将来就业打下良好的专业知识基础，更能使大学生活成为大学生生命意义的拓展。

具体而言，高校树立"以学生为本"的管理理念就是要尊重学生在高校中的主体地位，尊重学生的权利，尊重学生的人格，尊重学生的需要。学校的一切活动都是为了满足学生的成长和发展而设计和组织的，努力培养全面发展的学生。这种管理既是一种观念，也是一种方法。第一，教育的发展不仅是社会发展的需要，也是人自身发展的需要，"社会"和"人"都是需要教育的主体；第二，教育工作的最终目的是推动人类社会的不断延续发展，但这要通过培养社会所要求的人来实现；第三，培养社会所要求的人必须全面提高人的综合素质，把学生培养成富有主体精神和创造力的"人"。

高等教育在实施教育的全过程中，都应当始终以学生为中心，走向"学生本位"的教育实践。从教育的内容、目标到教育方法的选择，都应当从学生的需要出发。

（二）以人为本就是以人才为本

大学之大，并非有大楼，关键是要有人才支柱，以教学、科研为主体的教师队伍便是这根支柱的重要组成部分，他们的水平直接关系到人才培养的结果和质量，因此，高校要尽可能地满足教师的需求，充分认识到教师在高校发展中的应有地位。我们可以看到，学校的中心任务是育人，育人主要就是靠教师；高等学校肩负教学、科研、社会服务三大任务，教学、科研无疑还要靠教师；学校的社会服务主要通过知识创新进行，同样也要靠教师；学校要发展，要以改革求发展。改革，特别是教学改革，其方案的制订、实施，同样要依靠教师；一所学校的地位、影响，主要通过教师的水平，特别是通过大师级学者的数量和水平来体现。因此，办好一所大学，必须确立教师在办学中的主体地位。

那么，除了教师这一人才队伍之外，高校内部还有其他更为广泛的人才队伍，如管理人才、社交人才等。当然，一方面高校要给予他们充分的肯定和重视，另一方面还必须为他们营造良好的工作环境，这种环境的营造不是简单地给某个人才提高点工资待遇或住房等生活条件，而是一个涉及工作、生活、文化等综合条件的改善。没有这些综合条件的改善，任何单方面的条件改善，都很难长期稳定地留住人才和吸引人才。邓小平同志曾指出"科技是第一生产力"，并提倡全社会都要尊重知识、尊重人才。因为人才队伍是先进生产力的开拓者，在改革开放和现代化建设中有着特殊重要的作用，能不能充分发挥众多人才的内力，在很大程度上决定着我们高校发展的进程。因此，高校要努力创造更加有利于他们施展聪明才智的良好环境，在高校内部进一步形成尊重知识、尊重人才的良好风尚，积极改善他们的工作、学习和生活条件，对有突出贡献的人才给予重奖，并形成规范化的奖励制度。

（三）以人为本就是以育人为本

教育部部长周济强调，要以科学发展观统领高等学校教学工作。育人是高等学校的根本任务。周济部长还强调，高校还要加强学风建设，营造良好的育人环境；同时，高校教师要把主要精力投入到教学工作，时刻牢记教书育人的使命。

可以说，高校的主要职责如果用一句话来概括，那就是"教书育人"。教书是手段，而育人才是根本。毕竟，教育逻辑支点的核心是不断提升人自身的建设水准。以人为本的教育理念，根本目的就在于对人性的唤醒和尊重，最广泛地调动人的积极因素，最充分地激发人的创造活力，最大限度地发挥人的主观能动性。"育人为本"的理念，应该不仅仅把它理解为高校的根本任务是为国家培养建设者和接班人，同时也要认识到，高等学校要全心全意为学生服务，一切为了学生的健康成长。以育人为本确实应该成为办好高校的根本理念。

育人为本,就是强调把育人作为学校教育的根本任务。高校要全面推进素质教育,贯彻党的教育方针,形成全员育人、全程育人、全方位育人的局面,以培养学生的创新精神和实践能力为重点,造就"有理想、有道德、有文化、有纪律"的德智体美等全面发展的社会主义事业的建设者和接班人。

因此,高等学校要构建并不断完善人才培养体系,努力创造培养人的良好的育人环境。高校还要着眼于培养大批社会主义建设事业的杰出人才,这些都应该成为"育人为本"办学理念的突出体现,即把育人融入到学校工作的各个方面,贯穿于教育教学的各环节。

此外,高校不能仅仅关注学生成名成家、成为某领域的专门之才,而忽视对学生如何做人的教育;高校不能只关注考试分数,而忽视对学生品德、心理等综合素质的培养。以育人为本的理念就是要使学生在科学与人文、知识与道德、智能和情感等方面得到全面、协调发展。

二、以人为本是全面和谐教育的充分体现

依据党中央和国务院关于和谐社会的基本含义,我们认为,全面和谐教育应该是高等教育过程中通过满足人本需要,实现高校教育各主体之间以及各主体与社会之间和谐发展的状态。这种和谐是教育体制的和谐、教育管理的和谐、教育环境的和谐、教育主体间的和谐、教育竞争的和谐、教育氛围的和谐、高校及周围环境的和谐等,这种状态是高校教育体系内部的系统性、主体性及其与社会系统之间互动的和谐状态,而以人为本正是基于满足这一目的而提出的管理理念。

首先,以人为本的学校育人环境可使人的兴趣、性格、能力等各个因素得到较好的发展,创新性、独立性、学习性等高层次的素质也会得以加强。在学校教育管理中所渗透的民主平等、团队精神、规则意识等准则,有利于教育者和受教育者之间互动教育关系的发展,使学校更为广泛地发挥育人功能,使学生也能潜移默化地受到"人文精神"的熏陶,增强自我教育的意识,从而也带动了教师的人文素养的提高以及管理者的人性化的理念。

其次,传统的用人机制,往往以自上而下的思维方式,对老师和学生以"管"的方式来管理。这往往形成了僵化的思维模式、僵化的教师关系以及僵化的师生关系,难以充分发挥教育资源的育人作用。在以人为本的教育思想之下,高校逐步建立的包括校长竞聘制、全员聘任制、教师待岗制在内的一整套人事制度,通过层层聘任,实行岗位目标责任制等措施,形成竞争上岗、优化组合、职责清楚、各负其责的用人机制,做到人尽其才,才尽其用,从而增强了全体教师的危机感、责任感、使命感,激发了

全体教职工的积极性、主动性、创造性，有助于全面和谐教育的实施。

同时，逐步完善的全面性、规范性、操作性强的学校管理制度在"情感管理"和思想政治工作管理方面做到了贴近实际，拉近个人。而在实际管理的运行机制上，实行操作性强的、人性化的"严"制度、"软"管理，严宽结合，情理相济，从而形成一种融洽、和谐、宽松、民主的学习环境和育人环境。当然，建立科学、完善、公开、公正、民主、透明的评价制度，不仅有常规的检查，还要有期中、期末的总结检查，把检查考核评比的结果同奖优罚劣、奖勤罚懒结合起来，形成教职员工讲奉献、比成绩、争先进的良好风气。

三、以人为本要处理好"服务关爱"与"严格管理"的关系

从价值取向层面来说，以人为本理念尊重高校师生的人格和权利，它把人看作一切事物的前提、最终的本质和根据，尊重人，关心人和爱护人。因此，高校在渗透这一管理理念的过程中，一方面要本着服务高校师生的精神去处理日常问题，另一方面也要加强管理，制定严格的措施以求管理到位，责任落实，要处理好"服务"与"管理"的关系。

首先，服务关爱是严格管理的必要前提，服务的目的就是尽可能地满足高校师生的需要，这种满足应该及时和准确。及时体现的是重视程度的大小，准确反映的是服务水平的高低。高校管理只有服务到位，关爱有加，才能增强高校师生自发的集体归属感，才会自觉地把自身的利益与学校紧密联系在一起，从而在各自的位置上更好地尽职尽责，从而进一步提高管理的层次。

其次，严格管理是服务关爱的有效保证。服务是在一定水平与一定范围内进行的，这种服务所依据的就是严格的管理制度与原则。服务不能以牺牲学校的利益为代价，也不能仅仅停留在眼前的需要，它更多的是从学校的大局和制度的规范来对服务进行必要的约束与保证。

当然，无论是服务关爱还是严格管理，我们认为都是为了保障高校持续、健康地稳步发展。过分地强调服务关爱，难免造成管理上的混乱以及滋生一些不良现象；而过分地强调管理，就有可能在师生队伍当中造成不必要的误会。所以，高校在管理当中要把握服务关爱与严格管理的尺度，不能以服务来淡化或牺牲管理，也不能因为过分管理而削弱了师生的集体归属感。

四、以人为本要处理好教师的教和学生的学的关系

以人为本所要建立的和谐的人际关系就是以平等、宽容、合作、双赢和求同存异为原则，把师生员工的积极性引导到教学、科研、管理和专业学习上来，使大家在思

想上有共识、感情上有共鸣。高校内的人际关系主要包括师生、同学、同事之间的相互关系等三个部分。作为高校最基本的人际关系,师生关系无时无刻不在影响着教育过程与管理过程。

因此,高校要以尊师爱生这一基本道德要求来搭建师生交际平台,这一平台既要为教师的教提供便利,又要促进学生的学。

首先,高校要倡导"教学相长"的教育信条。和谐的课堂文化,是一种学习共同体的文化。课堂里不只是学生受益,教师也在课堂教学活动中不断进步。这就要求教师在教的过程当中不要以权威自居,居高临下,而是通过角色转换与认同,达到共同学习、共同提高的目标。这种转换不是从一个极端走向另一个极端,而是从单一的课堂唯教育者角色向多重角色的转换,即转换为组织者、鼓励者与建议者等。这样师生关系融为一体,就能转而达到教学相长、互为和谐的状态。

其次,高校要营造民主与平等的教学氛围。由于高校扩招,学生的急剧增多,因而改变了传统的师生关系。问答式、讨论式的教学,早就被大班集体授课和陌生化的师生关系所取代,大学一一对应人文教化的方式已经发生了极大的变化。大学教学课堂的和谐应呈现民主、平等、合作、进取的教学氛围。在这样的氛围里,学生的个性才能得到张扬,才能感到心情愉悦,旺盛的求知欲才不会被压抑,创新意识和创新精神才能得到培养。因此,教师要在教学目标的确定、教学内容的安排、教学结构的设计以及教学方法的选择等方面,坚持从学生的实际出发;另一方面,在教学过程中,教师要让学生充分发表自己的见解,特别是要允许和鼓励学生充分表达自己的不同意见。

第三,教师要用爱心去对待学生,要对大学生进行多方面的思想引导,多和学生沟通交流,真正地走进学生的生活,做学生的知心朋友及学习的榜样。如果缺少了真情的投入,缺失了真诚的关爱,师生之间就不可能有真正的心灵相遇、相通与交融,就不可能培养良好的师生关系。师生情感本身就是一种巨大的教育力量,没有情感就没有教育。教育工作者要以"教书育人"为切入点,以自己高尚的道德情操、优良的个性品质,以"润物细无声"的方式影响和感染学生,以渊博的知识、完美的教育教学艺术为学生创设良好的学习环境和条件,开发学生自身的潜能。在师生协力合作融洽的人际氛围熏陶中,学生身心才能得以和谐健康地成长。

第三节 自主创新能力的理念

努力把我们国家建设成一个有国际影响力的创新型国家,这是中央为加快现代化建设步伐做出的一个重大决策,也是历史赋予我们的庄严使命。创新型国家首先必须要有一批高水平的创新型大学作为依托和支撑,这是适应建设创新型国家的需要,是迎接知识经济挑战的必然选择,也是高等院校自身发展的内在需求。在这个大背景下,高校要从自身谋求发展的角度,加强创新人才培养,加快自主创新能力提升。而且,作为培养较高层次人才的基地,高校本身也具备了自主创新的实力。

一、建设创新型国家,高校负有特殊重要的使命

科技创新能力是一个国家科技事业发展的决定性因素,高校作为我国科技人才的后备基地,要坚持把推动科技自主创新摆在高校发展工作的突出位置,在建设创新型国家的伟业中,高校负有特殊重要的使命。

(一)高校是自主创新的生力军

作为创新链上的重要一环,高校是科技创新的源泉,为创新链提供科学知识基础。科技创新总是先要有原创性科学,才可能有它的技术应用,才能为企业提供技术支撑,最后带动产业发展,这表明高校在自主创新体系中的重要地位和作用。高校是基础创新的重要基地之一,是原创成果的摇篮,因此,高等学校要始终坚持"经济建设要依赖科学技术,科学技术要面向经济建设"的科技工作指导思想,积极面向国家和地方经济建设,着力提高解决当前和未来我国经济社会发展的重大科技问题的能力,围绕国家目标,面向产业核心竞争力的主要需求,加强基础研究,努力产出原创成果,积极开展科技攻关,大力推进科技成果转化和高新技术产业化进程。

同时,高等学校是人才的摇篮,既可以为国家创新体系培养造就战略科技专家和科技尖子人才,又可以为国家培养大批具有创新精神的大学生,为科技自主创新提供人才和后备力量的支持,这种人才优势也保证了高校的自主创新。

(二)高校是国家自主创新体系的组成部分

当前,高校自主创新体系"成为国家科技创新体系的重要组成部分",已成为众多高校的自觉追求。据统计,现有国家重点实验室60%建在高校,国家工程(技术)研究中心6%设在高校。国家启动的5个国家实验室试点中,有3.5个建在高校。可见高校通过基础研究、应用研究和试验发展等方面的科学研究,在探索真理、繁荣文化、促进学科交叉、攻克重大科学技术和关键材料与设备等方面不断取得新进展,产生了大量的新理论、新方法、新技术,为国家自主创新提供包括文化、技术、政策等方面的技术支持,是知识创新的重要力量,是国家创新体系的重要组成部分。

(三)高校是科技产业化的主力军

随着我国社会的全面进步,高校以及高校所有的高技术产业、科技园等在社会经济、政治、文化的发展中所起的作用越来越明显,在区域发展中受到了各级政府和企

业的高度重视。因为高校在自主创新中的一个重要方面就是科技创新。科学创新要转化为生产力，最重要的就是要加强科技的产业化发展。而高校通过产学研相结合，发挥了高校在科研方面与人才方面的优势，并使得高校的科技创新具有现实意义。我们看到，高校通过与企业合作项目，使大学成熟的科研成果尽快转化为企业的主流技术，转化为现实的生产力，这种现实的生产力则推动企业有了进一步发展。而在这种结合当中，高校自身也已孵化培育出一大批成长性较好的高科技企业。这其中就涌现出一批如北大方正、清华同方、东软股份、华中科技、交大昂立等备受社会关注的高科技企业集团。这些科研成果的产业化也从根本上提高了高校的科技创新能力和学术竞争力。

（四）高校培养了大量创新型人才，为国家自主创新提供了智力支持

国家现代化的关键在于科技的现代化，科技现代化的关键在于自主创新，自主创新的关键就在于人才。这些"关键"决定了高校在贯彻自主创新国家战略、建设创新型国家方面的重要作用。

高校的发展离不开国家战略的需求，高校的发展离不开国家的发展。我们看到，许多高校为了满足国家发展的战略需求，不断调整科研方向与学科结构，大胆进行战略性布局调整，从而催生了一系列创新成果。

而这些创新成果的出现必然离不开创新人才的培养。随着越来越多的高校与国内外企业建立越来越多的联合研发机构以及研究院出现，学校就为企业提供了直接的技术支撑，形成了大批专利技术，并为企业和地方培训数以千计的技术人员。因此，高校作为人才培养基地，通过创新型教育，每年为国家输送一大批具有创新意识和动手实践能力的高素质人才，成为国家自主创新的智力支持；高校同时又为青年教师提供优良的学术环境，形成一支优秀的研究机构队伍，为国家自主创新提供了强有力的智力支持。

二、高校的核心竞争力在于自主创新能力

自主创新能力是国家竞争力的核心。竞争是人类相互交流的一种方式，它充分显示了强者之所以成为强者、弱者之所以成为弱者的原因所在。而任何竞争都是围绕着一个中心展开，这就是核心竞争力问题。核心竞争力首先是针对企业的发展运作而提出的。高校核心竞争力是指高等院校在科研、管理以及教学等方面，通过各方面的相互协调与有机结合，促进高校持续发展，凸显出优势或特色，在竞争中显示自身能力的一种运作模式。企业的核心竞争力在于创新，高校更是如此。

自主创新从内容上包括三方面：一是原始性创新，即通过科研和开发，努力获得更多科学发现与技术发明；二是集成创新，即通过各种相关技术成果融合汇聚，形成

具有市场竞争力的产品和产业；三是引进技术消化、吸收和再创新，即在积极引进国外先进技术与设备的基础上，充分地消化吸收和再创新。

自主创新在过程上包括两个方面：一是知识创新，二是技术创新。知识创新是着重对自然界的研究并获得新发现，具有基础性特点，主要以大学和科研院所为主体；技术创新则是着重将基础科学研究成果转化为技术服务人类，强调成果的应用性，它往往以企业为主体。知识创新和技术创新的有效衔接就在于两个创新主体的有机结合。就是说，作为技术创新的主体的企业主动向高校和科研机构进行投入或者提出所需要的带有产业化的科研方向，以获取原创性成果，实现原始创新。作为知识创新主体的高校和科研机构主动参与技术创新过程，用知识创新成果解决其技术创新的难题，主动将知识创新成果在企业转化。

高校发展所依托的正是知识创新与技术创新的紧密结合。这一核心竞争力也是高校实现其跨越式发展的根本。因为努力创造具有国际领先水平的原创性科研成果，培养和造就具有创新能力的高素质精英人才是我国高校义不容辞的责任和使命，也是创建世界一流大学或世界高水平大学的必经之路。在我国建设创新型国家的进程中，高校这支最大的师生创新群体必须以凝聚学科方向、创造标志成果、汇集创新队伍、构筑学科基地作为科技创新的基本战略，着力提高解决当前和未来我国经济社会发展的重大科技问题的能力，放眼国民经济主战场，瞄准尖端科技的战略需求，围绕国家目标，以重大科研项目为驱动，加强基础性、前瞻性和前沿性的科学研究，实现关键技术的自主知识产权，大力推动高新技术产业化，为国家产业结构调整和行业技术升级做贡献。在贡献中求支持，在服务中求发展。

三、调动人的积极性和创造性是实现自主创新的保证

高校自主创新能力的培养，归根到底离不开创新人才的培养。作为社会发展中的有机环节，创新人才的培养从整体上来说是一个系统工程。因此，各类各级组织都要致力于调动人的积极性和创造性，为创新人才的培养提供充分的有利条件。

当然，人的积极性与创造性，除了本身所具备的遗传素质外，很大程度上是取决于后天的激发与培养，而激励措施则是我们所认为的首选。所谓激励，就是通过一定的刺激，激发人的动机，使人有一股内在的动力，向所期望的目标前进。如何运用激励机制调动人的积极性与创造性，不仅对高校自主创新能力的高低至关重要，而且也是一个有效的领导者或管理者的主要职责和必备的管理素质。

（一）能力、气质与性格的契合是调动人的积极性与创造性的基础

安排适当工作，是调动积极性与创造性的前提和基础。作为一个领导者或管理者，要想调动职工的积极性与创造性，去完成所必需的工作任务，首先要了解职工的能力、

气质和性格，区别情况委以任务。众所周知，人的能力是存在差异的，既有一般能力差异（观察力、想象力、注意力、记忆力和思维能力等），又有特殊能力差异（组织能力等）。如果领导者或管理者不能人尽其才、才尽其用，会给工作带来不良影响，甚至损失，更严重的是对人才的浪费。

其次，掌握人的气质，管理者应做到知人善任。气质是指"一个人典型的心理过程的速度强度和心理活动的指向性特点"。一般可划分为多血质型、黏液质型和胆汁质型。多血质即活泼好动型，这种气质的人活泼、好动、朝气蓬勃，做事机智敏锐，适应性强，善交际等。黏液质型又称安静型，这种气质的人有强烈的感受力，易动感情，但性格较孤僻、怯懦。胆汁质型又称急躁型，这种气质的人直率，一针见血，控制力较弱，精力充沛。由此可见，具有第一种气质的人，适合做营销和公关工作，而财会人员应选择办事认真细致、安静、沉稳、善于忍耐，具有黏液质气质的人为宜。实践证明，当一个人所具有的气质特点符合工作要求时，这个人就比较容易适应工作环境，工作起来也比较轻松；反之则不适应，工作任务很难完成。因此了解一个人的气质非常重要。

（二）满足人的基本需求是调动人的积极性与创造性的保证

需要层次理论将人的基本需求由低级到高级分为五个层次，即：生理的需求、安全的需求、社交的需求、尊重的需求、自我实现的需求。其中生理的需求，也就是保障人们生存的物质享用方面的需要，如衣、食、住、行、医疗需求等，只有这种最基本需求被满足到维持生命所必需的程度后，其余的几种需求才能成为新的激励因素。安全的需求，也就是人身安全、劳动安全、职业安全、财产安全等，在上述生理需求相对满足后，安全需求就会表现出来。社交的需求是指人们愿意建立友谊关系，渴望得到支持和友爱，希望归属于某一群体，为群体和社会所接纳。尊重的需求，是指人都有自尊和被人尊重的需要，希望获得名誉或威望，取得成绩时，希望被人承认。自我实现的需求，是人基本需求的最高层次，这种需求意味着人们希望完成与自身能力相称的工作，使自身的潜在能力能够发挥出来。站在管理者或领导者的角度，只有掌握人的需求才能积极创造条件去满足人们的需要，有目的地引导需要，才能有针对性地做好管理工作，从而达到激励人的积极性的目的。

（三）激励方式的多样化是调动人的积极性与创造性的途径

激励方式要因人而异、灵活多样，要适应不同年龄、不同爱好、不同部门、不同职务的人们的需要和追求，这是调动人们积极性与创造性的有效途径。一是采取不同的奖励方式。管理者要根据人与人之间优势需要的相似性和差异性，采取不同的奖励方式，努力使每种奖励都能适合不同人的优势需要，提高激励效果。

二是激励方式要灵活多样。激励方式对职工心理上影响的强弱，并非完全取决于它的经济价值或精神鼓励的级别，而是依赖于职工个体差异和团体气氛，依赖于某种激励方式是否符合绝大多数职工的优势需要。因此，高校可以根据自身特点而采用不同的激励机制。其次可以运用参与激励。通过参与，形成员工对高校的归属感、认同感，可以进一步满足自尊和自我实现的需要，激发出员工的积极性和创造性，使高校得到进一步的发展。

三是管理者要把物质激励与形象激励有机地结合起来。给予先进模范人物奖金、物品、晋级、提职固然能起到一定作用，但形象化激励能使激励效果产生持续、强化的作用。

四、一切为了激活自主创新能力应成为高校管理的基本追求

如今，越来越多的高校都已意识到自主创新才是自身发展的核心竞争力。这种核心竞争力的培养既不是自然而然的，也不是一蹴而就的，它需要的是一种理念，一种长效机制的理念。而作为一种新的教育理念，素质教育重在能力的培养，这种能力就是一种创新能力的造就。素质教育是自主创新的源头活水，只有素质教育才能源源不断地培养出能够进行自主创新的人才。自主创新应该从教育上抓起，根本在更新教育观念。如果不更新教育观念，不改革教育方法，不用教育去培养创新思维、去激活创新思维，自主创新只能是一句空话。我们认为，这种理念可以从以下几个方面得到加强。

首先是吸取知识或收集、加工、处理各种信息的能力。在网络技术迅速发展的今天，学习不再是单纯地接受知识，现在一个数据库或者电脑终端中信息的存储量一个人一辈子也学不完。要善于从浩繁的知识海洋中有选择地吸取知识，学会在浩如烟海的信息中收集有用的信息并进行加工处理变得日益重要。

其次是动手能力和运用知识的能力。理工科学生通过实验、实践、实习等形式，能把学到的知识运用到实际中去，产生出结果来，并在这一过程中不断去证实和检验理论。文科学生的动手则通过社会调查、挂职锻炼、案例研究、动手写文章等形式，用理论去分析和解决实际问题。

第三是批判性思维的能力。何谓批判性思维？批判性思维首先包括怀疑的方法，敢于怀疑权威、怀疑定论、怀疑习以为常的思维方式，凡事要问一个为什么；其次要分析一种理论、一种方法或者一种技术产生的起源、根据、基础；再次还要分析一种理论、一种方法或者一种技术的现实合理性或存在的合法性。

第四是与他人一起工作的能力和团队精神。无论是自然科学、高新技术还是人文社会科学，越来越注重团体合作或者大规模的合作，这是当代社会科技创新的一个特点。一个不能与他人合作、没有团队精神的人是不能很好地创新的。创新不能仅用一个人的头脑，而应该是集思广益，运用群体的智慧，所以我们常说需要创新团队。自

然科学和技术领域的研究活动的集体性和团队合作是非常明显的，人文社会科学也是如此，例如，我们要研究和平问题、人口问题、消除贫困问题、环境污染和生态问题、民族冲突和宗教冲突问题等都不是一个人所能完成的，需要许多人、许多国家的人和国际组织的参与才能完成。

第五是跨文化的沟通能力。我们的学生应该有着良好的外语基础和交流能力，有国际性的视野。要了解不同国家的历史、文化、经济和政治的基本知识，了解不同文化（西方文化、东方文化）的思维方式、风俗习惯和交往方式。能够从经济全球化、文化多元化的大格局中看到世界的基本趋势，形成对于具体事务的看法。在全球化的今天，国际性的视野比任何时候都重要。

第六是继续学习和终身学习的能力。在科学知识大爆炸的时代，不再是读完大学受用一辈子了，一个人只有不断学习、终身学习才能适应时代的变化，才可能在事业上实现可持续发展。因此，学校要培养学生在离开学校之后的继续学习和终身学习的能力，让他们在毕业几十年之后仍然是一个优秀人才，这也是一个学校是否具备长久竞争力的表现。

第七是学会做人。学生不仅应该有扎实的专业功底、掌握有用的专业知识，而且还应该学会做人。学会做人也是一种能力，而且是一种综合能力。学校应该培养学生热爱祖国、服务人民，养成勤劳、友爱、诚信、俭朴等品德，让他们知荣辱、明廉耻。

第四节　民主与科学的理念

高校管理是一个系统而复杂的过程，除了庞大的资产以外，更为复杂的就是人的管理。这其中既有师生，也有其他部门人员。当然，无论是对待庞大的资产，还是人员的管理，民主集中与科学管理必不可少。它既是大学由来已久的传统，也是大学持续发展所必须依靠的目标。毕竟随着管理理念与管理手段的不断更新，高校管理过程中的问题与缺陷不断显现，需要我们冷静分析与判断，发扬民主与科学的传统，确立新的高校管理运行机制。

一、民主与科学管理是大学的基本特征

"创新是一个民族进步的灵魂，是国家兴旺发达的不竭动力。"一个国家要实现科技创新，相应的辅助条件必须具备。一是要有一批高素质、有知识、具有创新能力的人才；二是要有保证创新人才不断涌现并发挥作用的条件。大学作为聚集与涌现人才比较集中的区域，实际上已经自觉不自觉地把民主与科学管理作为大学管理的手段与

方式，并不断地进行着丰富与完善。

民主作为我国的根本制度，它让人民能够发表意见。大学作为社会的组成部分，当然也不例外。而且自五四运动以来，我国大学对民主治学、民主风尚一直倍加关注，并逐步形成传统。但世界上不存在绝对的民主，民主与集中是一个统一体，因为集中的过程其实就是科学统筹、有效管理的过程，在某种意义上也是民主的必要保障。

（一）民主科学，既是大学传统，也是大学目标

我国高等教育既肩负着继承传统的使命，也承担着开拓新领域的目标任务。在这些传统与目标之中，民主与科学就是其中一个重要"因子"。它既是大学所不应丢弃的传统，更是大学所要一直追求的目标。

回顾作为中国社会进程中具有划时代意义的"五四运动"，我们发现，民主与科学是其中的核心。勇于创新、解放思想、实行变革是民主与科学提出和实现的途径，理解精神、个性解放、反帝反封建等，是民主与科学的内容。而中国教育也正是在此时，在吸收外国教育经验的基础上，发出"民主与科学"的呼声，追求教育的本土化，走中国自己的教育道路。这条道路一直走到了今天。当然，这不是单纯地照搬与模仿，在管理理念与管理手段的逐步更新之下，民主与科学也正在成为大学追逐的目标。当然，民主与科学实际上也是社会迈向工业文明时期在宏观上所表现出来的一种文化特征，讲究民主生活，注重科学治理。

（二）民主科学管理在高等学校管理中的体现

高等院校作为倡导与传播民主与科学理念的"基地"，对于它的管理自然也应从民主与科学上加强。民主与科学在高校管理中的体现主要表现在：

1. 民主先行

作为具有中国特色社会主义的高等教育的重要实施"基地"，高等院校在倡导民主生活当中发挥着重要作用。这种民主生活的倡导当然也就需要对高校进行有针对性地民主管理。这种管理手段是由我国高校的特殊性质和地位所决定的。

第一，学术核心。高校作为培养人才的"摇篮"，学术研究理应成为高校发展的"主阵地"。但学术研究有其自身的规律，在管理方式上，高校应注重学术管理。要调动广大师生参与学术研究的积极性，倾听他们的心声，并努力为他们的学术研究搭建一个良好的平台。这个平台的搭建既需要资金作为支撑，也需要民主权利作为保障。

第二，基层保障。作为民主建设的重要基层单位，高校肩负着双重职责。一方面，学校本身要广泛实行民主管理，做民主管理的模范；另一方面，高等院校还要大力培养受教育者的民主观念和民主行为，以促进全民族民主意识和民主素质的提高，促进社会主义民主建设。

2. 科学保障

从当前高校改革进程中所出现的问题来看，高校的管理体制与管理模式仍存在与科学管理不和谐的痕迹。如资源的不合理使用、人员分配的重复等。科学管理就是一种有效利用人力、物力和财力，去实现组织目标的基本方式，这种方式所要追求的就是高校管理工作的规范化、制度化与法制化。

第一，追求教育资源利用的有效性。我国高等教育虽然正在从"精英教育"向"大众教育"转变，但毕竟我们教育资源仍十分有限。那么，要使有限的教育资源充分被利用，我们就必须对高校实施科学管理，提高单位时间工作的效率与质量，并充分整合与发挥现有各种资源优势，争取做到资源利用的最大化。

第二，追求目标管理的绩效性。这里的目标管理主要是针对人的管理，即通过具体的管理制度来规范教职工以及学生参与学校管理的权力和范围，做到权责明确、监督到位、评价有序和奖惩分明。

第三，追求持续发展的长期性。随着我国市场经济体制改革的不断完善和深化，高校也必将融入市场经济改革的大潮。政府职能将由统包式的"办教育"转变为宏观式的"管教育"。高校生存发展模式也正在由国家拨款转变为"一靠招生，二靠科技开发，三靠项目，四靠社会赞助"的生存模式。当然，这种模式的根本就在于增强高校持续发展的后劲。

3. 和谐发展

在高校管理当中，民主管理侧重强调教职工参与学校管理的权力，科学管理则倾向对高校管理活动进行规范，两者看似矛盾，实则不然。高校民主管理是科学管理的前提，科学管理是为了规范民主管理的形式，仅仅强调民主管理必然会造成高校管理的混乱无序，而单单强调科学管理则会造成高校管理的低水平重复，使高校管理缺乏生机。高校管理必须把民主管理和科学管理有效地结合起来，使高校管理真正做到"以人为本，和谐发展"。

二、确立党委领导、行政管理、教授治学、民主办校的运行机制

管理理念的更新与管理手段的不断多样化，使得高校管理的决策权在反复的实践中集中到了党委，而这种管理不仅仅是局限在行政管理的层面，更多是在发挥行政人员与教授专家的合力来治校，从而营造出新的民主办校的氛围。

（一）党委领导

党委是领导核心、政治核心、团结核心，党委要贯彻执行党的路线、方针、政策，

坚持社会主义办学方向，依靠师生员工推进学校的改革和发展，培养"四有"的社会主义事业建设者和接班人。在党委领导下的校长负责制的领导管理体制下，党委是学校的领导核心，总揽全局，协调各方，统一领导学校工作。其领导职责主要是把好方向，抓好大事，出好思路，管好干部；党委必须支持校长行使职权，不可包揽具体事务。

（二）行政管理

高校的行政管理模式建立在党委领导下的校长负责制基础上，校长为高校的法定代表人，在校党委的领导下，积极主动、独立负责、依法行使职权，全面负责本学校的教学、科研和其他行政管理工作；学校行政工作中的重大问题和重要事项，由校长为首的行政领导班子负责提出工作意见和方案，提交党委会集体讨论决策。党委讨论决定后，由校长为首的行政领导班子负责组织实施。

（三）教授治学

高校学术事务管理和决策的成功是学校事业发展的重要保证和突出标志，由于学术决策具有不同于政治决策和行政决策的特殊性与规律性，因而必须科学地界定和协调高校学术权力与行政权力、政治权力的关系，确立高校内部合理的权力分配模式和科学的决策机制。教授是高校业务活动的主体，是学术发展的核心，是人才培养的中坚力量。高校必须强化教授的学术权力和教育创新能力，特别要在党委领导下的校长负责制环境中积极探索教授参与治校治学的有效机制。在高校建立有中国特色的"教授治学"模式具有重要积极的作用。

（四）民主办校

除了党政一班人要民主集中、分工合理、精诚团结、共同奋斗外，还必须紧紧依靠学校各级党组织和广大师生员工，共同把学校的事情办好。特别是在重大问题和重要事项决策上，要形成深入了解民情、充分反映民意、广泛集中民智的决策机制。要增加重大问题和重要事项决策的透明度，充分发挥专家在学科建设、队伍建设和学校管理等重大事项中的"智囊团"作用，引导好、保护好和发挥好他们参与学校管理的积极性，保证他们参与决策的渠道畅通。必须做到重大问题和重要事项在专家未论证前不决策，未充分听取群众意见前不决策。

所以，我们所倡导的就是党委领导、行政管理、教授治学、民主办校的运行机制。这种运行机制的目的就在于探索形成一种政治体系、学术体系与行政体系横向三元一体的高校分权组织体系，即"党委领导，校长负责，教授治学"，并在此基础上实现高校的民主办校。这种运行机制的特点就在于坚持和完善党委领导下的校长负责制的同时，整合有关分散存在的校级组织。党委领导保证高校正确的办学方向，行政管理负责学校的行政事务工作，负责履行学校的日常事务。教授治学体现在使教授统领学校不同内容的教育和学术事务，如学科规划、学位审定等，并参与协调和决策重大的学术事务和教育发展事项。当然,建立横向三元一体的高校分权组织体系,关键是要做到三者之间的有效配合,既保持相对独立性,又要兼顾统一性,从而最终建立高等学校的民主办学机制。

第五节 依法办学的理念

随着我国建设社会主义法治国家的脚步加快,依法治国正在逐步成为我国的治国方略。因此,在教育领域落实依法治国方略、全面推进依法办学,已成为现代教育发展的迫切要求,也是高校持续健康发展的必然道路,这一方面是因为历史条件的变化以及人们法律意识的增强;另一方面,依法办学对提高高校的教学质量有其特殊的意义,因为法律有规范高校教学质量、追究违反高校教学质量规定行为的责任和监督高校教学质量等作用。

一、高校在新的历史条件下必须增强依法办学观念

1999年颁布实施的《中华人民共和国高等教育法》以法律的形式保障了我国高等教育的健康发展。随着我国市场经济的发展和高等教育改革的推进,对高等学校依法办学的客观要求越来越高,作为"依法治国"方略在高校管理中的具体体现,依法治校成为高校现代科学管理的重要指标和内在要求。

(一)依法治国方略的确定要求高校确立依法办学的理念

依法治国基本方略的确立,使得法律被置于一个突出的位置。这样一来,权力受到法律的约束;国家的政治、经济、文化和社会生活,都一并纳入法制轨道。于是,随着政府职能的转变,学校的法律职责也逐步加重,高校管理已经不可能、也不应该简单地接受政府的行政指令来进行,而必须按照已经颁布的相关法律、法规独立进行。高校作为一个独立的办学实体,较以前拥有更多的办学自主权,高校必须通过依法办学来对这种独立自主权加以规范,使高校资源得到合理运用。依法办学成为高等学校发展的必然要求,也成为高等学校管理的必然选择。

高等学校要把自身的生存和发展置于社会主义市场经济之中,从教师、学生到社会服务的诸多对象,高校的教学、科研、行政以及经济行为等,都必须在各类法规的约束下才能得以实施。因此,高等学校必须从全面推进素质教育、培养和造就"四有新人"及更好地服务于社会发展的战略高度,切实提高依法办学的自觉性,确立依法办学的思路和治校方略,把学校的各项管理逐步纳入科学化、规范化、制度化、法治化轨道。

（二）管理体制的变化要求高校确立依法办学的理念

经济体制转轨带动了高校管理体制的改革，高校与相关主体之间的关系也随之发生了变化，这种变化的产生实际上也是一种法律关系的变化。体制改革前，教师、职工和学生不是完全独立的主体，他们与学校之间形成的社会关系仅仅是一种以命令服从为特征的行政管理关系，学校只需运用自己的行政权力就能管理好各类事务。体制改革后，教师、职工、学生成为独立的主体，他们与学校发生的社会关系既包括以平等协商为特征的民事关系，也包括行政管理关系。这就要求高校在管理过程中必须变过去惯用的行政手段为法律手段，用法律手段来调节、处理与教师、职工、学生的各种关系。同时，高校在运作中，必然将会与各类企业、组织或个人发生直接或间接的关系。这种关系在体制改革前，由于它们没有独立的地位和利益，因此，学校与这些主体发生的各种关系，往往通过行政手段来加以协调。而体制改革后，企业、组织、个人都成为独立主体，也有自己的利益，因此，高校必须用法律来建立和规范这种关系。

（三）高校国际化趋势，要求高校确立依法治校的理念

自我国加入世贸组织以来，许多相关事务都在逐步步入国际化进程。那么，在世贸组织主要的法律框架《服务贸易总协定》所规定的市场准入的12个基本服务部门中，就包括教育服务这一项。这表明，教育的国际合作已经从传统的文化交流进入了一个新领域——教育服务的商业领域。在教育服务的国际商业领域中，要求WTO成员方政府遵守《关税和贸易总协定》中规定的义务与承诺。因此，随着我国教育的国际交往与合作规模的不断扩大，形式的日趋多样，范围的日益广泛，特别要求高等学校加快依法治教的进程，对教育管理方面的法律、法规进行相应调整，与国际通用法规相接轨。

（四）高校面临的越来越多的法律诉讼要求高校依法治校

随着我国国民法律意识的整体提高，高校所要承担的法律责任也在逐步扩大。因此，高校所要面临的法律问题也就日趋增多。例如，法律监督、司法审计，甚至法律纠纷等。这都要求我们的高校必须依法治校，重新审视高校自身在法律中的合理定位，并修改相应的规章制度，使高校的管理、发展和国家法律相符合。同时高校也应当树立依法管理的理念，按照国家法律规范管理，坚决杜绝与法律相违背的行为。

二、充分重视新的法制环境下学生管理工作的新情况

高校学生管理工作是高校管理工作的重要组成部分，对大学生的成长与发展至关重要。在新的法制环境当中，"法治"应当成为学生管理工作新的方向。

（一）学生与校方的关系发生了转变

主体之间的社会关系可分为两类，一类是纵向的服从与被服从的关系，另一类是横向的平等主体间的自由合意的关系，即契约关系。普通高校实行并轨招生前，学校运行的全部经费来自国家拨款，高校管理者的管理权是国家行政权力的一部分，学校与学生的关系是一种纵向的服从与被服从的关系。但自20世纪90年代后半期开始，随着我国社会主义市场经济体制的逐步建立和走向完善，随着高等学校收费制度和毕业生择业制度的改革，学校与学生之间的关系就向着契约关系的方向转化。这种关系的转变直接带来的就是学生管理方式的转变。因此，高校不仅应当按照各种教育法规对学生进行管理，还必须注重学校与学生之间的平等的民事法律关系，充分考虑和尊重学生的正当权利。

（二）学生法律意识的逐步增强

随着依法治国方略的深入人心，高校学生的权利意识也在逐步增强。而且，学生家长也在逐步关注高校学生的管理工作。目前社会上出现的一系列发生在学生与学校之间的法律纠纷都说明了学生与学生家长权利意识的增强，也说明了我国高校的学生管理工作必须加强法治化进程，必须加快高校管理走向法制化、正规化的步伐。在变化的法制环境下，高校必须清醒地认识到学生管理本身应该具有合法性，否则，不管动机是多么美好，只要管理行为不合法，就会遭到学生的反对。

（三）进一步强化大学生的责任意识

近年来，大学生责任意识呈现出弱化倾向。主要表现为学生在日常行为中较少考虑责任的约束，我行我素，不计后果。因此，对于高校而言，进一步强化大学生责任意识十分必要。责任意识教育其实就是要培养学生对他人的关爱，认识到自我与他人存在的意义与价值。随着高校招生规模的扩大，学生数量的增加，高等学校一方面要依法规范教育教学秩序；另一方面要保护学生的合法权益，更重要的是要帮助学生树立责任意识，这给新世纪高等学校学生管理工作提出了新的挑战。

三、人事管理中依法办事的重要性

作为依法治校的具体体现，高校人事管理法治化是指高校人事管理以国家的法律法规为基础，在此指导下建立完善的规章制度体系、合理的权力结构形式和制约机制，并以限制和正确运用人事管理权力，从而实现管理行为的规范和管理结果的实效，最终实现高校人事管理的民主化、规范化和科学化。

（一）新的历史时期高校人事管理工作的实践呼唤法治化

一般而言，人事管理工作包括人员调入、调出、培训、考核、任免、聘任、评职、劳资、奖惩、档案、离退休等十几个阶段，即教职工"进、管、出"的全部内容。那么，在具体的管理过程中，我们发现其中存在很大程度的主观性与随意性。例如，在人员流动过程中形成的"无档族"与"自己握档族"现象，就是人才流动体制不健全、流动渠道不通畅以及档案管理滞后所造成的，这种现象的出现也是高校人事管理工作中"人治"大于"法治"思想的体现。"法治"作为一种治国方略，是相对于"人治"而言的，法治比人治更理性、更合理、更公平。因此，在新的历史时期，高校人事管理工作的实践要在法治思想和理念的指导下，用"法治"的思想和理念来推动人事管理工作实践的规范化、科学化发展。

（二）我国市场经济体制的建立要求高校人事管理工作法治化

随着市场经济改革的深入以及市场经济体制的逐步建立，高校教职人员的法律意识、竞争意识与权利意识在逐步增强。高校人事管理工作的法治化不仅是规范被管理者，更重要的是规范管理者的管理行为，从而使广大教职工的权利得到高度的尊重和实现，从而保证高校的发展适应社会主义市场经济体制的要求。因此，高校人事管理应该转变"幕僚式"的间接管理，使高校的人事管理工作重心从侧重于行政事务性管理转向人力资源的开发。从这个意义上来说，实现高校人事管理工作法治化会促进原本传统的、简单的工作内容转变得更加民主化和制度化。高校的人事行为应该在法治之光的"沐浴"之下，改变高校中人事管理的"秘密人事"，建立"阳光下的人事"制度。

（三）高校应不断提升管理干部的法律素质

作为高校管理的中坚力量，管理干部法律素质的全面与否事关依法治校的实施优劣。高校管理干部的法律素质应该包括以下几个方面。首先，管理干部应具有很强的法治观念。管理干部能够自觉地按照法律和制度来管理学校事务，必须确立较强的法治观念，如法律至上观念、民权观念和平等观念，同时必须摒弃人治的观念，如权力至上观念、官本位观念和等级观念。其次，干部应熟悉高等教育领域以及与高等教育相关的法律和法规。高校管理干部要依照法律和制度办事，就必须熟悉与所处理事务相关的法律规定和学校的管理制度。最后，干部还必须具备依法办事的能力，必须提高自身依法办事的自觉性，在依法实施各种法律规章制度的过程中不断增强自身依法办事的能力。

四、高校各个领域都必须依法办事

高校的改革、发展、稳定都离不开法律的宏观规范与调控，都离不开法律的指导与监督。法律已经渗透到高等学校的各个领域。例如，高校招生需要依照程序操作，高校基建需要政府审批，高校用人需要单位审核等，这些都离不开一个"法"字。离开了"法"，就没有了"规"，没有规矩，就不成方圆。学校的正常秩序必定难以维持。

所以，我们认为，法不仅是一纸条文，它更多的是一种保障和规范。高校的各个领域都必须依法办事。因此，高校要把落实依法办学思想渗透进各个领域，形成和建立一套科学高效的高等教育管理体制，创设一种规范有序的办学环境，从而促进高等教育规范化和法制化，这是保证高等教育健康发展的前提，也是高等教育坚持社会主义办学方向的保证。

五、高校对外交往中需要高度关注涉及法律的问题

近年来，随着高校对外交往活动的不断增加，高校的社会职能不断扩大。这种社会职能就不仅仅涉及校园内和本国内，而更多的是涉及了对外交往。我国与国外高校的办学模式与办学理念存在一定的差异，而这些差异背后所体现的就是规则的不同。因此，高校在对外交往中需要高度关注法律问题，高校所进行的对外交往行为必须依法，必须合法。只有依法办事，才能合理地保护高校自身的权利和维护自身的形象。高校的对外交往既要符合本国法律规定，也要充分考虑外国法律的有关条款。对于任何的冲突与分歧，高校都应该理性对待，紧紧围绕依法办事的理念推动高校对外交往的健康发展。

第六节　面向世界的理念

人类已经步入 21 世纪，在新的世纪里，经济发展、社会变革和科学技术进步都将以史无前例的速度向前推进。处在急剧变革时代的高等教育无疑应把握时代的脉搏，聆听时代的呼声，顺应时代的需要，实现自身的革命性变革，推动时代的进步与发展。在这种大背景下，结合高等教育的本质特性，我们认为，新世纪高等教育应该把国际化、现代化和本土化作为自己的办学方向。虽然经济体制的转轨带来了教育观念的碰撞，但固有的民族情感又在或多或少地影响着教育开放程度，而作为培养较高层次水平的教育，高等教育应该在观念的导向与情感的正确对待方面发挥应有的作用。因此，高等教育在面对教育国际化的趋势与开放所带来的问题时，既要从容，又要冷静，要努力做到借助国际化带动本土化，立足本土化，走向国际化。

一、高等教育国际化已成为必然趋势

高等教育国际化虽然是一个新鲜名词，但是一种历史现象。早在古希腊与我国春秋战国时期，"游教""游学"之风就已经盛行。到了中世纪，欧洲的不少大学更是真正的国际性机构，学生和教师来自各国，学位在各校之间相互承认。不过，早期的高

等教育国际化尚处于较低的层次，无论在广度和深度上都不能与现代意义的国际化相提并论。真正现代意义上的高等教育国际化肇始于19世纪，发展于20世纪，尤其在"二战"以后得到了迅猛发展，现在更成为一种世界潮流。

（一）高等教育国际化的基本内涵

高等教育国际化是相对于中国高等教育市场长期以来相对封闭的状况而言的。总体来说，在加入WTO以前，中国的高等教育市场是不允许对外开放的，已经开展的对外交流也仅限于学术性交流和有限范围的学生交流。因此，我们所说的国际化，首先指的是在WTO协议框架内中国高等教育市场的全面对外开放。其次，中国高等教育的国际化要求与国际惯例接轨。所谓国际惯例即经济和教育发达国家高校中长期以来在教育市场化进程中被普遍接受和采用的标准、制度、管理体制和管理方法等。"全面对外开放"需要从WTO准则和我国加入WTO所作的承诺来理解。WTO所规定的教育服务包括"跨境交付，境外消费，商业存在和自然人流动"四种主要方式。通俗地讲，即跨境提供教育服务如远程教育（"跨境交付"）；允许以更自由的方式往国外派出留学生和接收外国的留学生（"境外消费"）；允许中国的国民到国外以合法的方式开办教育机构和外国的国民到中国以合法的方式开办教育机构（"商业存在"），在本地直接提供各种教育服务；鼓励跨国界之间的专业人才流动，以自然人的方式到国外提供教育服务（"自然人流动"），如提供各类教学服务，享受所在国的国民待遇，不得予以歧视。

"与国际惯例接轨"，首要的问题是要研究和弄清楚发达市场化国家高校管理中的"国际惯例"是什么；在高等学校管理领域中的具体表现有哪些；如何学习和掌握这些"国际惯例"，并将其融合到中国的大学管理实践中。说到底，与国际惯例接轨，就是要学习和掌握国外先进的市场化的以人为本的大学经营和管理理念、经营方法、管理标准和技术。

较为严密地说，高等教育的国际化，就是要把大学的发展置于整个世界之中的这样一种理念和一整套相关的做法。在大学发展的国际化进程中，大学国际化一般存在三种外延表现形式，一是通用性，二是交流性，三是开放性。所谓通用性，是指一国的大学能为其他国家的大学所承认和接受，包括学科和专业设置要互通，课程设置、教学标准及学历学位互认。交流性是指一国的大学要能够与其他国家的大学在教学方面、研究方面、管理方面及社会服务方面进行对等的交流，做到优势共享。开放性是指一国的大学在教师、学生、语言、教材和科研资料、管理、价值观念和文化传统等方面充分地对外开放。因此，我们也可以用这三个方面来衡量一个国家的某个大学国际化发展程度。

（二）高等教育国际化的必然趋势

高等教育国际化是全球经济一体化的必然结果。现代经济是以知识为基础的经济，全球经济的一体化是一个不可逆转的趋势。我国既然已经加入WTO，就意味着中国经济将以更加开放的姿态，全面融入国际社会的发展主流。因此，摆在我们面前的当务之急就是要造就一支高素质的人才队伍，培养一大批具有国际意识、国际知识、国际交往能力的人才，一支能游弋于世界各种领域而得心应手、富有排除各种险恶能力的能人队伍。作为培养社会高级人才的高等教育必须顺应和适应世界潮流，尽早进入到国际主流中去。高等教育国际化已不是愿不愿意的事，也不是可以等上一百年的事，而是必须如此，并且应立即行动。综观历史，在人类社会发展进程中占据领先地位的民族和区域，无不遵循着知识共享、财富共创的开放规律，而违背这种规律即意味着落后。中国古代四大发明的传播、国外机器制造、现代科技的引进、各种哲学思想的交汇与互补促使整个人类社会丰富多彩起来，世界发生了根本变化。在世界大家庭中生活的人类有着许多共性和共识，面临着诸如环境、能源、民族等共同问题，这是国界所无法划清的，也并非一个国家、一个民族就可以单独解决的。尤其是近百年来，知识爆炸、信息传播手段的更新使国家这个概念在一些领域正在淡化，经济全球化已使商务活动越来越无视国家边界，教育也早已突破国与国的壁垒。人们越来越认识到在现代社会中只有利用人类的集体智慧，调动整个社会的资源和力量才能解决人类的共同问题。如今，西方发达国家已经建立起各种共同体，有的还统一了货币，迈入一体化进程，并在推进教育国际化的同时，将教育市场延伸到了其他国家。此时此刻，作为提高中华民族整体素质、促进科研和社会经济发展之本的我国高等教育融入国际已是刻不容缓。

二、高校国际化过程中出现的问题

国际化对于处在管理体制转变中的中国高校而言，既是机遇也是挑战。机遇固然要抓住，但挑战更是我们需要正视的。这种挑战带给高校的便是国际化进程中所出现的一系列问题。首先，许多高校注重的是一种介绍性的内容输入，而忽视了反馈式的内容输出，只求投入，不求产出。例如，在课程的引进当中，一味地强调语言的重要性，而忽视了国情与校情。而且，一些高校在国际化进程中出现了偏差，失去了自身的独特性。它们仅仅是国外经验的移植与复制，而没有做到内化与创新，从而失去了学校自身的独特性。同时，由于国内外在教育法规与教育政策方面存在差异，部分高校在国际化过程中一味地强调本国的法律、法规，而对国外的法律与法规知之甚少，于是产生很多矛盾和问题，使得合作与交流产生障碍。

三、关于本土化与国际化的关系

本土化，即民族化。一个国家在发展过程中需要体现、保留和形成自己的特色。高等教育的国际化与本土化就是一种内在统一的关系，是同一个过程的两个方面，两者互相促进，协调发展。

（一）本土化与国际化具有内在一致性

高等教育国际化是在教育本土化基础上的国际化，而高等教育本土化是在融合教育国际化范围内的本土化。当然，高等教育本土化是相对于高等教育国际化而言的。没有外来教育的传入，就无所谓本土化问题。本土就是本民族的、传统的、现实的东西。教育本土化就是吸收外来文化并把它内化为自身文化的一种创新，从某种程度上讲也是一种文化选择。从这个定义出发，教育本土化就是强调民族、国家的自身特点。虽然在一定程度上，本土化"情结"能有效保持教育民族特色和民族自尊心的情感动力，但是理智的本土化是一种兼收"外来文化"与"自身文化"的"创新"，是一种"文化选择"。同时，它也是外来文化与本民族传统文化相互沟通、融合的过程，是外来文化及传统文化改变自己初始形态以适应新文化发展要求的过程。

（二）本土化与国际化具有相依相存的关系

教育国际化并不排斥本土化，因为高等教育具有国际化的属性。知识广泛性是高等教育创造知识的核心价值。传统意义上，我们过分注重国际化进程中与本土化的差异，而忽视它们之间的互通性。现在我们应明确强调传统文化在新的社会条件下的更新、变迁与升华。简单地移植外来文化，而不经过本土化的加工与内化，这种国际化是很难有生长的根基的。而本土文化不吸收外来文化则更难以发展。毕竟高等教育在追求国际化的进程中，同时也在进行着把国际化的合理成分有机纳入本土的过程。两者间的双向流动和更迭才能使得彼此都具有生存与发展的空间和契机。当然，本土化内容演变为国际化内容的过程必定是曲折的。

（三）本土化与国际化互为补充才能体现高等教育的完整性

教育国际化是全世界国家和地区的教育走向趋同性的一种表现形式，而本土化则是一个特定国家或区域教育呈现出地域特色的过程。一个国家或地区的教育就其完整性而言，需要国际化与本土化两者的有机结合。本土化的教育具有局限性与排斥性，国际化的教育具有兼容性与适应性。因此，从高等教育自身发展规律的角度来说，国际化是高等教育本身发展的要求。因为任何国家的高等教育都具有本土性，同时也具有国际性。越具有高度现代化的教育思想和实践，也就越具有自己的本土特色。理想的教育体系必须是外来教育的思想实践与本土化教育的高度融合，是本土已有思想和经验的高度升华。

四、解放思想、开拓思维、大胆实践，加快中国高校面向世界的步伐

我国教育改革的实践证明：只有面向世界，才能使我们的教育事业蓬勃发展。高等教育向世界开放，首先，将促使我们在第一时间了解与掌握国外高等教育的最新动态，找准差距，明确目标，从而迎头赶上。其次，这将使我们的高等教育在向前推进的过程中，最大限度地避免盲目自大、故步自封与短视浮躁，以最优化的方式在尽可能短的时间里，完成对国际先进水平的追赶与超越。因为在高等教育向国际开放的过程中，彼此间教学、科研、管理人员的相互往来形成常规，并形成制度，将促进相互间理念、知识与方法的交流。同时，高等教育面向世界，也必将有利于我国高等教育整体形象的现代性塑造。在全面的国际交往格局中，高等教育必将担负起向外传播民族文明、向内完善时代文化建构的重大历史使命，它的知识传播的桥梁作用势必得到进一步强化，在引领时代知识创新、文化创新方面的主体作用将得到更多的体现。

所以，我们只有进一步解放思想，开拓思维，并且大胆实践，加快我国高等教育融入国际社会的进程，促使我国高校通过不断加深与国际知名大学的合作交流，树立起适应经济全球化的教育观念，借鉴世界高水平大学通行的办学机制和运行模式，我们才能建立起现代大学管理制度，从而实现高等教育本土化与国际化的有机结合。

第二章 现代高等学校管理中的内外部关系

随着知识经济的到来，高校已经由社会的边缘走到社会的中心。高校作为培养人才的前沿阵地，能否培养和输出建设和谐社会所需要的高素质、高质量的创新人才，其管理水平的高低将起到决定性的作用。高校只有在管理过程中正确处理好内、外部关系才能实现高校提高办学质量和办学效益、培养大批优秀创新人才的现实目标。将高校的发展置于整个社会发展的背景之下，正确处理好高校所面临的各种关系，是实现高校管理现代化的根本途径，是为高校发展创造良好的内外部环境的根本保证。

第一节 高等学校管理中的内部关系

高校管理中所面临的关系包括内部关系和外部关系。内部关系包括高校各部门之间的工作关系，主要是指教学、科研、管理和后勤诸部门之间复杂交错的关系，以及高校内部的人际关系，即包括教师、学生、职工及管理干部之间的关系。

一、科学把握改革、发展与稳定的关系

在党的"十五大"政治报告中指出："在社会主义初级阶段，正确处理改革、发展和稳定的关系，保持稳定的政治环境和政治秩序，具有极其重要的意义。"历史经验证明：中国的问题，压倒一切的是稳定，没有稳定的社会政治环境，经济的腾飞和进步，教育的改革和发展都将无从谈起。当然，没有改革和发展，也难以保证持续和巩固的社会政治稳定。

（一）稳定是基础，改革是动力，发展是目标，三者相互关联

正确认识和处理改革、发展与稳定的关系，为我们从广泛意义上正确理解高校的稳定问题指明了方向。高校的改革是否成功，发展是否顺利，同外部社会环境与学校内部环境好坏有着密切的关系。稳定才能分析矛盾，判断形势，做出恰当的决策；才能集中精力，排除干扰，抓改革，促发展；才能抓住机遇，保证改革与发展措施的落实。

就高等学校自身而言，要加快改革并保持持续的发展，首先必须确保学校稳定。因此，各高校要清醒地把握自身特点和面临的形势，在不断深化改革的过程中，十分

关注稳定局势，重视研究新情况、新问题，采取措施，及时将不稳定因素消除在萌芽状态。不仅如此，高校还必须十分注意将研究新情况、解决新问题的经验总结提炼到规章制度的层面，纳入基础建设的轨道，形成良性循环，有力地促进改革、发展、稳定三者关系的协调发展。从国家利益大局出发，高校稳定对社会政治、经济的发展具有至关重要的意义。保持高校的稳定并不是高校工作的最终目的，它只是高校工作改革和发展的基础，是实现改革和发展的重要环境。高校的稳定局面为社会稳定做出了贡献，同时也奠定了我国高等教育的持续、健康发展的坚实基础，创造了良好的氛围。高校的稳定离不开改革和发展的稳定，它们之间相辅相成、密不可分，只有不断改革和发展，才能为高校的稳定打下坚实的基础，才能实现真正意义上的稳定。

改革是推动高校发展的动力。改革是发展经济的手段和动力，也是高校发展的手段和动力。在"十五"期间，高等教育管理体制改革不断深入，中央和省级政府两级管理、以省级政府统筹管理为主的体制进一步完善。高校布局结构调整工作进一步推进。综合性、多科性高校增加，改变了我国高等教育规模偏小、结构不合理、单科性院校过多的局面，加强了学科的优势互补，进一步优化了高等教育资源的配置。招生、考试和毕业生就业制度改革进一步推进。学校内部人事制度、管理制度和分配制度改革进展明显，后勤社会化改革取得新的进展。每改革一步，高等教育事业就会前进一步。我们要坚持用改革的办法解决前进中的矛盾和问题，以更大的气力推进改革，破除不适应发展需要的体制和机制束缚，解决制约高等教育发展的长期性问题和深层次矛盾，加快形成有利于高等教育事业全面协调、可持续发展的体制机制。

（二）坚持科学发展观的指导是统领改革、发展和稳定三者关系的根本

有了稳定的内外部关系，改革才能推动高校发展，改革和发展是紧密联系在一起的不可分割的有机组合体。高校实现自我发展的目标是一个较长期的发展过程，是一个渐进的由量变到质变的过程，是高校在不断适应新时代发展中的一种自我更新，是量的积累。这种更新更是一种改革，是在与时代保持一致的改革中逐渐成就自身发展的过程。因此，改革是不可能一步到位的，要逐渐前进，根据需要和可能一步一步地改。发展也是有阶段的，只能通过一步一步地改革才能一步一步地实现发展目标，最后达到质的飞跃。我们应该用科学发展观指导高等教育的改革和全面、协调、健康、持续地发展。

在我国高等教育发展这一重要时期，尤其需要我们用科学的发展观来统领全局工作，一方面我们要增强信心，抓住机遇，上一个新台阶；另一方面要深入分析、冷静思考目前面临的矛盾和困难，深入学习科学发展观，认真思考在新的历史条件下如何更好地推进高等教育事业全面、协调、可持续发展。进一步用科学发展观统领高校改革和发展方向，做科学发展观的坚定实践者。近几年我国高等教育在快速发展过程中

出现了矛盾、困难和问题,它们有些是高等教育走向大众化进程中各国普遍遇到的问题,有些是计划经济向市场经济转轨过程中出现的矛盾在教育领域的反映,有些是我们进入小康社会后对高等教育发展规律认识的局限所导致的,也有些是长期存在的老问题,在快速发展中来不及解决而目前又集中显现出来的。我们面临的挑战是严峻的,但解决矛盾、乘势而上的有利条件也是存在的。我们要深刻认识科学发展观的内涵,认真按照科学发展观的要求,及时调整工作思路、重点和政策措施,不断推进改革和发展,要坚定不移地贯彻"巩固、深化、提高、发展"的方针,统筹高等教育事业的发展、改革和稳定。

二、以科学发展观为指导,兼顾结构与效益

20世纪90年代以来,我国高等教育迎来了前所未有的发展机遇。在全国性高等教育管理体制、办学体制、投资体制、招生与就业体制改革和教学改革等一系列改革不断深入以及在高校扩招的推动下,我国高等教育步入了一个高速发展的阶段。各校都在抢占先机,为增强自我发展能力,纷纷制定出新世纪的发展战略。

"科学发展观是指导发展的世界观和方法论的集中体现,是我国教育改革和发展始终要坚持的重要指导思想。"我国社会主义初级阶段的社会经济发展格局、社会主义市场经济对人才需求的多样化以及我国高等教育正在步入大众化阶段的客观事实都提供了一个十分明显的信息:我国的高等教育系统必然是一个由众多不同类型、不同层次和各具特色的高校所组成的有机整体;每一所高校都可以在整个高等教育系统中找到适合于自己生存和发展的空间,以自己独具一格的办学理念和办学特色,体现出自己办学主体和服务面向的不同,以及满足不同需求和人的差异所带来的学科专业、培养目标、管理制度等的不同,重点应该是高等学校的办学类型及人才培养的多样化。一所大学应在本身所处的层次上,在特定的比较范围内和同一评价体系中,力求显现出一流的办学理念,一流的基础和条件,一流的管理,一流的教学质量,一流的科研成果和独具的特色。因为在未来的社会里,没有特色的大学是难有作为的,教育质量不高的大学是没有出路的。因此,协调统一要以保证和提高质量为中心,而协调发展是关键。学校规模的扩大、结构的完善以及效益的提高都要服从于确保和提高教学质量。

我们必须进一步用科学发展观统领我国教育事业的改革和发展的全局,把科学发展观始终贯穿到教育改革和发展的全过程,坚持统筹高等教育的规模、结构、质量和效益。

三、合理协调校与学院、校与部门、校与新校区的关系

在校院两级管理模式下,学院作为教学活动与管理的主体,其管理职能将由单纯

的作为教学活动的执行者向具有综合管理职能的办学实体转变。学校与各部门之间，既要统一管理，又要注重各部门工作主动性和活力的发挥，注重在学校统一领导下的相对集中，责权明确，分权实施。而规模巨大的多校区大学，由于主校区与分校区在管理职能和管理权限分配上的不同，因而构建了二者之间迥异的相互关系，并形成不同的管理模式。

（一）实行学院制，让学院成为具有相对管理职能的办学实体

大学是学院的综合，将学院水平叠加起来就成为学校的水平；学院又是系、所、室、中心的综合，而这些内部组织机构又是由教师、学生、管理人员与服务职工构成的。因此，学院是联系上层（学校）与基层（系或研究所、教师）的重要桥梁。大学是层级管理的组织，通过层级管理把具有独立思想、富有知识和具有自主行动要求的教授、学生、管理人员与服务职工凝合起来，并且目标一致地高效运作起来。

在学校内部权力结构的划分上，根据校院两级管理的要求，学校一级的行政部门，一方面需要把一些权力集中起来，进行集权管理，行使制定目标、监控考核、研究政策、宏观调控、对外联络等五大职能；另一方面，应坚持学术自由，进行适度的分权，采取集权与分权相结合的方式进行管理。把基层学科和课程的调整与设置权、科研项目管理权、教师聘用权、资源分配权、人事权等学术、行政权力下放给学院一级，使学院具有包括自主用人权、自主管理权和自主配置院内资源权等权力，成为集教学、科研、人事、财务等职能于一身的实体性机构，从而承担起学科建设、提高教育质量和社会服务等三大职能，突破校级集权的模式，扩大中下层学术自主权，实现学校管理中心与权力下移。

我国许多规模较大的高等学校已经进行过学院制改革，构建了以学院管理为主体的校院两级管理模式，成功地实现了管理重心下移。在校院两级管理模式下，作为教学主体与管理主体的学院，通过教学管理体制改革，使学院成为具有综合管理职能的相对独立的办学实体，扩大院系办学和管理的自主权。高校内部管理体制的改革应以实现校院两级管理职能的转变作为切入口，通过明确校院两级的管理职权，把学校管理从原来的全方位、全程式的计划管理转变到宏观调控和增强服务上来，从而使学校管理部门有更多的时间和精力从事更重要的管理工作，并赋予学院一定的自主权。这种做法解决了长期以来困扰学校发展的学科建设与管理效能这两个关键性问题，从客观上推动了一个以目标管理为主，有宏观调控能力的精干、高效、有序的校级行政管理体系的建立。因此，在保持学校稳定的前提下，扩大学院办学的自主权将大幅度减少那种因权力集中在学校职能部门而形成推诿、扯皮、运转不灵、效率低下的状况，减少教学管理环节和教学信息流动的障碍，促进学科与学科群的建设，提高教学与科研水平，提高行政管理效率，合理分配管理权，提高办学效益，优化资源配置，有利

于提高学院建设和发展的主动性和积极性,激活办学机制。

(二)明确管理部门的职责,注意相互间的协调配合

从处理好纵向机构间即上下级之间的权限和关系来看,一是统一领导,分级管理,正确处理集权和分权的关系。凡是应集中在校部的管理权必须集中在校部,以保证整个学校的教学、科研、总务工作等活动能够协调一致。这是学校组织有效运转的必要条件。但集权过多,会削弱下级管理人员的积极性和创造性。因此,在强调集权的同时,高校应分散管理权力,使各种管理部门拥有一定的管理权限和相应的管理责任,以便于其积极、主动、灵活地处理那些职权范围以内的问题。一般来说,凡是涉及下级平行管理部门之间以及关系到学校全局的问题,应由校管理部门负责处理;凡是应该而且可以由下级管理部门自己解决的问题,就授权给他们去管理。二是特殊情况特殊处理。对那些经常出现而且已有处理常规的管理业务,应尽可能地让下级管理机构去处理,只在遇到例外或特殊情况时,才由校级管理机构研究处理。这样既有利于上级管理人员摆脱日常事务,集中精力研究和解决带有全局性的管理业务,又有利于调动下级管理人员的积极性和主动性,及时处理日常管理业务。三是处理好上级指挥下级和下级服从上级的关系。为了保证指令和指挥的统一,下级机构一般接受一个上级机构的指令和指挥,不能有多头指挥。各级管理机构在行政上都应当建立事项领导负责制,避免出现分散指挥和无人负责现象。副职要协助正职,正职要在副职分管的范围内授予必要的权限。各管理层次应当实行逐级指挥和逐级负责,在一般情况下不应越级指挥。

从处理横向机构即左右之间的职权和关系时,要明确系、处、室各机构的职责分工,特别是职能机构的职责分工。对职能机构的设置和分工要注意:一是设置职能机构要考虑到学校的规模、类型、专业性质、教学过程的特点等具体情况。二是职能机构的分工粗细要考虑适当。分工过细过死,本来可以在一个部门解决的问题,分散到几个部门去处理,会造成相互扯皮,影响工作效率。

总之,要明确规定各职能机构的职责权限,充分发挥各职能机构的作用,强调相互协作、相互促进、相互制约,使各部门之间的工作相互支持,协调配合,提高效率。

(三)加强各校区的互动和交流

"多校区大学是一个与单校区大学相对而言的概念",它一般是指具有"一个以上独立校区的,但只有一个统一的独立法人办学实体的大学,这类大学一般是由一所以上原本独立的大学相互合并而成的",或是本校自身规模的扩大另辟新区办学。多校区大学是高等教育办学形式、结构变化和发展的结果,因而它显然有别于一般意义上的大学。多校区大学是多个校区的聚合体。大学作为多校区的一个统一体,应该是各校区的协调指挥者,应该积极为各校区间创造一个和谐、融洽、公平、公正和互动的有

利环境，减少各校区间的内耗，使得他们能集中精力开展教学和科研工作，提高工作效率。

由多个学校合并汇集的多校区大学要树立"一个大学"的管理理念，注意"校魂"的传承。虽然从法律上来讲只有一个法人资格，但多个校区原有的历史和传统及其不同的生存心态，需要通过整合来形成一个整体，使大学以一个整体的精神风貌和姿态面对社会，而"一个大学"的理念则是实现多校区大学团结的首要管理基础。"校魂"是一个学校的精神，它不仅是大学的立校之本，也是团结多校区的灵魂。因此，多校区大学应在原有的校区基础上采取"取其精华、弃其糟粕"的原则，继承和发展其"校魂"。

多校区大学与各个校区的关系首先取决于校区的功能定位。按照目前各个校区的情况来看，由于合并过程中产生大量的复杂问题，要真正有效地保证现有的合并成果，因此就必须首先解决好校区的功能定位，在此基础上对学科、人员、资源进行深度融合。主校区或高校合并中实力较强劲的校区有着管理、资源、网络技术等方面的优势。大学可以在各校区间建立统一的信息网，共享资源。计算机和网络的发展将使得学校的管理信息系统能够及时搜集、处理和传递管理信息，使得大学这个系统更加有效率。由于各校区在地理分布上一般比较分散，因而传统的管理技术手段无疑会使管理效率低，成本增加。而信息技术特别是网络技术则为多校区大学管理提供了一个最为有效的技术手段。因此，多校区管理都应以信息化管理为保证。

合并后已度过磨合期正进入平稳运行的多校区大学，应大量地向各个校区下放权力，允许各校区自我发展，建立自己的特色。对于那些仍然处于磨合阶段的多校区大学来说，大学与校区之间的关系就更加紧密，权力集中度更高。所以，从实际情况以及今后的发展看，大学管理将依据不同的情况，少数向校区、更多的是向学院层次的管理权力转换。

因自身规模扩大另辟到不同区域的多校区，应把握各校区之间的整体性、多样性、高效性和复杂性。在核心校区的统一管理下，分校区是其下属学院部分年级学生所在地，设有专门的、相对独立的管理机构，依照核心校区的统一部署进行管理。各校区办学需要多样化的教学管理模式，具有相对统一性的管理，同时也要注重整体实力的凝聚，树立"一个大学"的理念。利用学科综合优势，在学科内容上找到相融的耦合点，实现交叉互补；在学科融合的基础过程中发掘出新的学科增长点，因势利导培植新学科成长。学校还应对学科专业进行调整，各学院及各部门必须积极投入，构建起全校范围内通识教育的大平台，坚持"以人为本和个性教育"的思想，真正实现新的人才培养模式，发挥多校区的自身优势，使高素质人才脱颖而出。

四、全面统筹管理干部、教职员工与各类学生的关系

管理干部、职工、教师、学生等高校成员之间的错综复杂的关系就是高校内部的人际关系。就大学内部横向权力而言，要求权力在教师、学生、管理人员三个组群之间合理分配。

从管理干部与教师的关系来看，管理干部一方面要了解教师的工作特点，尊重教师的工作成果，体贴教师的工作与生活困难，关怀教师的身心健康，支持教师创造性的教学与科研，奖励和表彰教师的教学和科研成果。提倡行政管理人员的职业化，建立"淡化级别、强化职责、事职相符、责薪相对、能上能下、能进能出"的用人机制。另一方面既要充分肯定和重视教师在学术管理中的地位和作用，倡导学术理想，弘扬学术精神；又要引导教师深刻认识自我，了解自己的长处与不足，使他们能正确看待别人，与同事友善共处，服从管理干部的工作管理，积极支持与配合管理干部的工作，体贴管理干部的难处，自觉履行自己的责任和义务。同时也应以积极的态度帮助管理干部搞好自身建设，切实实行对管理工作的民主监督。总之，应使二者建立一种相互支持、相互信任、相互尊重的良好关系。

从职工和教师的关系来看，有必要使他们相互了解对方的工作及其特点。使职工充分尊重教师，视教师为高校安身立命并不断发展的主体与生力军，树立为教师服务的思想意识；同时也应使教师意识到高校职工也是高校成员构成中不可缺少的部分。因为教师教学科研的顺利开展，教书育人良好环境的形成都离不开职工的辛勤劳动，因而要尊重和珍惜职工的劳动。

从学生和教师的关系来看，应树立起以教师为主导，学生为主体的师生关系原则。学习时期不同，教育对象不同，教师与学生的相对地位就不同。按照现代的教学理论，学校是教育的主体，学生是学习的主体。学校所实施的教育是为学生提供符合其自身发展的教育服务。学习的过程，实质上是学生在教师的帮助下，依靠自己的劳动（脑力和体力）所获得知识和能力的过程。因而教学活动是由教与学组成的双边活动。如果说高校的一切工作均应围绕教学与科研展开，那么教师的一切行为则应以学生的学习与生活为转移。因此，从某种意义上说，高校的一切工作（教学、科研、管理、后勤服务等）均是通过教师落实到学生身上。这样，既要让学生尊重教师，也要使教师尊重学生；既要使学生从教师那里学习知识、训练能力、培养良好的品德，也要使教师成为知识之师、能力之师，还要使教师成为学生品德和行为的楷模。

从教师和教师的关系来看，由于高校主要以教学（科研）为中心，因此教师是学校办学的主要依靠，教师是高校提高教学质量的关键。长期以来，由于高校教师受到工作个体独立性和封闭式的校园生活的影响，因而使一部分教师在心理上形成封闭、

主观、冷漠、自卑或自傲清高的特点。这些特点决定了他们难以与其他人建立起一种诚挚、热情、宽松、和谐的人际关系，不能正常发挥"社会交往"这一"人类机能"，既影响了良好的师德师风的形成，又使教学质量和教学水平受到影响。因此，一方面要提倡学术意识、竞争意识，鼓励教师积极开展科学研究，鼓励优秀教师脱颖而出，使教师队伍迅速整体优化；另一方面，也要引导和教育教师克服"文人相轻""同行是冤家"的封建习气，建立正常、竞争的工作秩序，使他们相互帮助、相互促进。

因此，管理干部要树立服务意识，协调好管理和服务的双重功能，既有服务，又有管理，基本目的是服务，管理也是服务。高校的办学主体是教师，而学校的办学目标是学生。高校应坚持不懈地做好疏导工作，共建团结友爱、相互支持、相互帮助的生活和工作气氛，努力创造管理干部与教师、职工与教师、学生与教师、教师与教师之间团结协作的人际关系。高校更要鼓励包括师生在内的多方力量参与管理，从而保证学校管理的高效率和民主化，促进高校的全面健康发展。

第二节　高等学校管理中的外部关系

高校管理中的外部关系是指高校对外与社会各界所发生的关系，包括与当地政府、上级业务主管部门的领导与被领导关系（行政关系和业务领导关系），与实习、科研基地的业务合作关系，与新闻传播媒体的宣传与被宣传关系，与其他高校的学术关系，与所在社区所属社会团体的其他关系等。正确处理这一系列的外部社会关系，对于高校的自身改革与发展，对于高校适应社会主义市场经济体制，进一步增强为社会主义经济建设服务的功能至关重要。

一、坚持走产、学、研相结合的道路，同企业和科研院所建立联盟

在党的"十五大"报告中提出："有条件的科研机构和大专院校要以不同形式进入企业或与企业合作，走产学研结合的道路。"产学研结合是指企业、高校和科研单位的结合，是一种实现优势互补、风险共担、互惠互利、共谋发展、共同繁荣、推进社会进步和经济发展的好形式，三者结合所产生的整体社会效益和经济效益将会远远大于各部分之和。

（一）产、学、研结合是促进高校科技转化的重要途径

坚持走校企合作的道路，与企业联合设立科研课题，共同进行技术攻关，将科研

成果转换为实际生产力,已是现代化赋予21世纪大学的历史使命,也是提高大学办学效益,增强自我发展活力的有效途径。

大学注重的是基础研究,因为基础研究是知识创新和技术创新的源泉,也是新的高科技产业生长点;但另一方面,科学技术迅速发展,由科研成果转化为产品的周期越来越短,这就要求大学与企业密切合作,科研与经济密切结合。当前大学与企业合作与相互支持已成为世界潮流。中国作为一个发展中的大国,今后一个历史时期,不仅要完成工业现代化,而且要抓住机遇发展高新技术产业,迈向知识经济。通过大学与企业合作,促进科技与经济结合是大学的一个重要任务。

为了加强与企业和地区合作,促进科技成果转化,近年来许多知名高校探索了一些实践途径。一是建立大学与企业合作委员会。企业合作委员会起着桥梁和窗口作用,高校为企业提供科研成果、信息资料、咨询服务、人才培训;企业支持高校科研经费,促进学科发展和教育改革的深化。二是与企业合作建立联合研究开发中心。联合开发中心以开展应用研究和工程开发为主。通过合作研究可以发挥高校及企业双方的优势。三是与企业和地区政府建立联合科研基金。促进科学研究和人才培养,有力保障科研合作开展。四是建立校办高技术产业和科技园。在知识和信息为基础的经济发展中,大学将起到重要的作用,其中作用之一就是哺育和孵化一些高技术产业。

21世纪高等教育的走向正是从以教学为中心到"产、学、研三足鼎立"。目前,世界各地都依托大学成功地建立起一些科技园和高技术工业园区,美国"硅谷"就是一个成功的典范。科技园可以说是一种新的社会组织形式,它集中智力资源、信息、知识、高技术以及巨额的资金,在科技园内创造了高于传统工业几十倍的劳动生产率。20世纪初是美国科技、经济大发展的时期,20世纪60年代是日本经济、科技飙升的年代。这两个时期分别是两个大国强化研究生培养和科研能力的时期,是大学服务社会功能迅速增长的时期。近几年来,大学催生创新的趋势明显。例如,美国的斯坦福大学催生了硅谷。盐湖城大学区附近,大学与高新产业区错落有致。剑桥大学周围区域的科技创新氛围也十分浓厚。美国的麦当劳大学,就是专门为麦当劳培养高级人才服务的,学生学习理论联系实际、动手能力很强、学校教学经费也有保证,一举两得。美国最高端的实验室是国家实验室,而这些实验室一般由大学代管,由联邦政府拨款支持,这样大学可以借用实验室的财力,实验室又可以从大学获得人力。如著名的国家实验室——劳伦斯伯克利国家实验室,位于美国加州大学伯克利分校,它隶属于美国能源部,由伯克利大学代管。林肯实验室——二战期间,麻省理工学院获得了来自五角大楼的巨额资助。其中辐射实验室(即林肯实验室前身)从事雷达方向研究取得很大成果,并且带动了其他工程和理论学科的飞速进步。

（二）产、学、研结合要求高校注重学生创新能力的培养

高校作为培养人才的前沿阵地，能否培养和输出社会发展所需要的高素质、高质量的创新人才，其管理水平的高低将起到重要的、决定性的作用。高校管理如何从传统的桎梏中解放出来，跟上时代的步伐，以适应现代化教育的要求，这是教育发展对高校管理工作提出的新命题。高校只有大力进行管理创新，摒弃陈旧、落后的管理方式和方法，创建一种与时代发展相适应的新的管理机制，才能真正提高高校的管理水平，从而实现高校提高办学质量和办学效益、培养大批优秀创新人才的现实目标。

高等教育的核心就是"学生个性的自由发展和完善"，也就是要把高等教育置于动态的、自由的、多元的、开放的格局中。产、学、研结合办学把生产难题、科研前沿问题直接引入教学研究中，使教师、学生在研究中边解决问题边学习，提供培养创造型人才的客观环境，注重学生创新能力的生成。世界上最先进的高等教育，如现代的研究型大学，被认为是知识创新系统的核心之一，在那里，已有知识的教学只是教育中基础的一部分，特色在于学生能探索学科前沿问题，培养解决难题和创新的能力。在这个显著的特点上，不仅产、学、研结合与之是一致的，而且富有中国特色，更有助于解决中国教育与科技、生产分离发展的问题。

现代高等教育的功能，既不是传统意义上的"教书"，也不应该只包括"育人"，它另外还有一个非常重要的、被传统思想忽视的方面，就是研究。用研究来引领社会、引领行业和企业的发展方向。现代高等教育还要求老师不断地了解学生的需求、了解社会对学生的要求，注重培养学生的科研能力。检验高等教育的基本标准就是毕业后的学生是否能够适应社会，是否能学以致用。学以致用是传统教育的一个难题，原因之一是学生很少有应用知识去解决实际问题的场所、时间和机会。所以产、学、研结合给学生提供了实践的机会，促进学生创新能力的生成。同时也增强了高校对企业、对社会的服务功能，让高校利用自身的人才优势和信息优势了解企业情况，把握企业的症结所在，为企业把脉并有能力解决这些问题。在这个过程中，不仅能催化、激活企业创新，又能让高等教育引领企业的发展方向。现代社会需要的是能够熟练地掌握相关知识，迅速了解世界最新动态的人才。而这些能力的培养都需要学生的创新精神和创新能力。因此，全面改革教育，把提高人的素质、启迪人的创新意识、培育人的创新能力放在首位，显得尤为重要。

教育要面向未来，必须与社会发展相适应，这是教育的基本规律之一。21世纪是以信息技术为主的技术革命和由它引发的经济革命重塑全球经济的世纪，在重塑的过程中，形成了知识经济社会。随着知识经济时代的到来，高等教育在信息社会中的地位也要变化，高等教育不仅是传授知识、培养人才、创新知识、丰富人类知识宝库的场所，而且也应该成为知识和信息的传播中心和哺育知识型企业的基地。以知识为基

础和依托的经济时代需要创新知识，而创新知识则源于创新教育。目前世界各国的高等教育改革，都在向创新教育的目标趋近。我国也充分认识到了培养创新人才、实施创新工程的重要性。总之，知识经济呼唤高校创新教育，发展创新教育并注重学生创新能力的培养是高等教育教学改革的目标所在。

二、以服务社会为宗旨，实现同各级政府、社区的双向联动

在市场经济体制下，高校、政府和社区的关系结构呈现出相互联系、双向交流的三角关系。要正确处理高等学校、政府和社区的关系，必须首先明确高校、政府和社区三者的地位、作用和职责，最重要的是要明确高校的本质和基本特征。现代高等学校的本质是传播、应用、融合和创新高深学问的高等学府。其基本特征：一是坚持以高深学问的教学为主；二是坚持教学与科研相结合；三是坚持学术自由；四是坚持面向社会依法自主办学。现代高等教育的本质和基本特征决定了现代高等教育制度的主要内容，即在高校与政府的关系方面实行校政分开，在高校的投资体制方面实行多元投资，在高校办学模式方面以服务社会为宗旨，实行产、学、研结合，在高等学校的内部管理方面崇尚科学管理。

（一）以政府宏观指导为主，增强高校的办学自主权

政府在与高校、社会的关系中处于主导和决定性的地位，因为政府是高等教育的主要投资者和主要高校的所有者。我国高等教育的社会主义性质决定了国家对高等学校的领导权和所有权，高校的教育活动必须对政府负责；同时政府也是社会的行政领导机关，其领导和管理在某种程度上又反映了广大人民群众的要求和意愿。但是，政府教育主管部门对高等学校的领导和管理应遵循以下基本原则：政府必须对高校实行政治领导，保证我国高等学校的社会主义办学方向；政府对高校的领导和管理必须依法进行，必须严格遵守法律、法规的相应规定；政府对高校的领导主要是宏观管理，高校具有相对独立性，政府一般不直接插手高等学校的具体事务；政府在领导高校的过程中必须实现国家所有权和高校办学自主权的相对分离。在高等教育宏观管理运行机制中，政府既要代表最广大人民群众的根本利益，根据社会发展趋势对高校提出教育要求，又要对高校实行政治领导和宏观管理。

高校要正确处理与政府的关系，必须建立具有中国特色的现代大学制度。建立现代大学制度要求政府通过制定和实施教育方针、政策和法律实现对高校的宏观管理。高校必须根据自己的特色和优势，在不违背国家法律和方针政策的前提下，依法自主办学，建立自己的人才培养和科学研究系统，按照市场经济法则组织自己的社会服务体系和后勤保障体系。完善党委领导下的校长负责制，加强高校教学、科研、开发和社会服务的民主管理。

（二）合理利用社会资源，全面、主动服务社会

社会在高等教育宏观管理运行机制中也是一个不可或缺的因素。它一般指的是"社会力量，包括社会政治团体、经济集团、学生及学生家长群体等"。社会一方面通过市场机制对高等学校的教育活动产生重大影响，它在一定程度上影响高等学校的价值取向、发展规模、教育教学内容和方式等；另一方面，社会通过各种方式影响政府对高校的态度和行为等。高校作为国家高等教育的载体，主要职能是培养社会主义现代化建设需要的专门人才，发展科学、服务社会。高校不仅要接受政府的政治领导与宏观管理，保证社会主义的办学方向，而且必须满足社会对高校的教育需求，努力为国家经济建设、科技进步和社会发展做出应有的贡献。只有这样，才能真正体现市场经济条件下高校与政府在高教管理体制及其运行机制中的地位、作用和职责，从而构建二者关系的理想模式。

高校要正确处理与社会的关系，必须全方位地服务于社会。高校只有服务社会，适应社会的要求，引导社会按照正确的方向发展，才能证明自己的价值，才能得到社会的认可和支持；同时，高校还应该认识到市场在社会资源配置过程中的决定性地位，从而发挥自身的优势，依托优秀人才和科技成果同社会进行能量交换，将社会资源转化为高校的教育资源。

高校要把握自身的发展方向、培养目标以及在教学科研诸方面的优势和所取得的成就，让社会了解高校对社会发展和经济建设的积极意义和重大作用。在社会各界对高校自身有了比较充分、准确的了解和认识的基础上，有必要使社会各界了解目前我国对发展高等教育的有关政策，让他们认识到高等教育已不只是一种单纯的政府投资行为，社会各界及每一个公民都有对于高校发展的责任和义务。高校在改革发展中所面临的困难，自身难以解决的问题，都需要社会各界积极帮助克服和解决。高等教育寻求社会各界的理解和支持是多方面的，可以是资金、物资、人力方面的帮助，是精神方面的鼓励和支持，还可以是政策上的倾斜和有利于高校改革和发展的积极的舆论导向等。

高校也应树立起从全局出发的社会责任意识，自觉履行社会责任。高校的社会性质与特征决定了高校的社会责任主要体现在教学和科研上，体现在培养符合社会需求（质和量）的合格人才上，最终体现在为社会发展和经济建设的服务上。高校主要的工作内容是培养人才，培养人才的主要目的是服务社会。因此，高校的一切工作均应以人才培养为中心，并且以能接受社会检验的标准作为人才培养的标准，这样既为学生创造了健康成长的良好环境，也为学生树立了学习的目标和为社会服务的远大思想。此外，高校还应充分发挥在教学和科研上的优势，利用人才、设备、资料和信息上的优势，主动服务于经济建设主战场，服务社会各界。高校凭借自身优势帮助他们解决

学术难题，使自己在履行社会责任的同时体现自身价值，以此来回报社会的支持和关怀。

在目前条件下，高等教育已不单纯地表现为政府投资行为，更多的应该是集中社会力量办学，依靠社会来办教育是世界高等教育发展的趋势。因此，高校必须更新观念，树立市场意识，努力处理好各种外部社会关系，为高校的发展创造良好的外部环境。

（三）高校与社区"资源共享、共驻共建"，有机融合

社区是社会发展的产物。社区建设是一项新的工作，大力推进社区建设，是我国城市经济和社会发展到一定阶段的必然要求，是面向新世纪我国城市现代化建设的重要途径。社区服务作为大学生了解社会、服务社会的窗口已被广大青年学生所接受，社区为学生提供了一个接受锻炼的不可缺少的大舞台，已日益成为大学生成长、成才的大学校。

高校与社区区域的共建不是单纯的社会交换，而是相互间的一种责任和义务，是互助互动的，是一种共生存、共发展的关系。高校学生是精神文明建设的主要对象，也是推进精神文明建设的主要力量。在城市建设的过程中，要求青年学生必须以自身价值和社会价值的高度统一为前提，不断追求、创新、创造、发展和提高。高校学生在接受学校教育的同时，接受和吸收在社区这种特定环境中的精神文明教育优秀成果，进一步提高文明素质。高校学生的素质教育应面向社区，参与社区建设可以提高广大青年学生的总体素质。在现行的教育过程中，我们不仅应把眼光停留在课本中，而且更应投向整个社会，因为社区融汇着各层次的人和纷繁的工作，是一个锻炼人的大熔炉。因此，社区与高校的共建对学生来说无疑是一种最好的锻炼方式。

高校是社会文化的"制高点"，高校不断地向社区渗透优秀文化，这种辐射和渗透，促进社区文化的进步，对社区教育和学习型社会的建设起着重要的推动作用。高校是各类人才比较集中的地方，高校的教师是社会高级专门人才集中的群体，学生也是同龄人中的高素质群体，这就使高校为参与社区教育具备了人才上的优势，有能力为社会培养人才。高校还是科学研究和技术更新的重要场所。高校的职能之一就是要承担科学研究和技术更新的任务。高校科学研究和技术更新的成果用于社区教育中，不仅可以提高社区居民的科学文化素质，同时还可以通过科学知识的传播和技术的更新促进社区经济的发展，这于高校和社区的发展都是有利的。

高校和社区之间在发展过程中是相互作用的，必然要发生种种联系，自然持续地进行物、人、信息之间的充分交换。高校是人才培养的基地，向社区提供所需要的人才，输送文化和道德精神，不断地对社区产生影响，而社区的发展和拓展则延伸了高校的职能，因此，高校离不开社区，必须融入社区，并成为引领社区持续发展的动力。建立高校与社区双向互动机制，优势互补、资源共享，实现"资源共享、共驻共建"双

赢战略。高校与社区还应坚持"以人为本、资源共享、改革创新、因地制宜"的原则，以社区建设为载体，依靠高校、社区的力量；以硬件为基础，发挥各自的优势和特点，走资源共享之路，走科技共建之路。利用各自的优势，积极开展形式多样、内容丰富、健康向上、生动活泼、效果明显的共建活动。以服务社会为宗旨，实现同各级政府、社区的双向联动，需要政府、高等学校和社会的共同努力。对于政府，关键是要转变职能；对于高校，关键是要建立现代大学管理制度；对于社会，关键是要为政府提供关于高等教育的正确信息，为高校创造良好的生存和发展社会环境。缺少任何一个方面，都不可能正确处理高校、政府和社会的关系，更不可能构建三者关系的理想模式。

三、资源互通、共增实力，开展同兄弟院校的多种联合

在高等教育快速发展的今天，高等院校之间的合作极其重要。特别是在人力和物力有限的情况下，加强兄弟院校之间的合作，可以更加有效地发挥科研优势和更好地培养人才。

（一）强校联手建立战略联盟，共同打造世界一流大学

建造世界一流大学是所有高校的梦想，但是仅凭单独一所高校的力量是难以完成这一夙愿的，因此强校联手结成战略联盟则为此提供了条件。战略联盟是指两个或两个以上高校为了一定的目的或战略目标，通过一定方式组成的优势互补、风险共担、要素双向或多向流动的松散型网络组织。这种形式打破了传统高校管理行为的地域，对教育资源进行优化配置，变外部竞争为内部协调，产生一种"你中有我，我中有你"的战略联盟竞争局面。战略联盟主要是利用自身优势和专长，以契约形式结盟而成，并非独立的高校实体，各高校仍保留各自管理主体的独立性，所有问题都通过协商解决。这种关系因合作项目需要而聚集，又因项目的完成而散开，在竞争中特别便捷与灵活，集中了各自的社会分工、学科专业优势，因此，通过战略联盟可以快速、灵活地获得高校外部的互补性资源和功能，获得可持续发展的竞争优势。

首先，开展战略联盟，能发挥资源最佳效益、减少浪费。有利于具有不同优势的学校实现互补、强强合作，将各自的优势充分发挥出来。在研究领域，把有限的资金集中用在最好的地方；在教学领域，让学生能够感受到优秀教师的教学；在校企联系方面，能够组成良好的团队，承担更多、更为复杂的课题，为高校提供更多的服务。各校之间还可共同研发，共享图书、情报、信息等资源。为不同学校的学生和社会人员提供优势专业学习，实现存量盘活，外部效益明显。

其次，提升高校的竞争力。高校走战略联盟之路，还可以形成强大的竞争力，在激烈竞争中取得优势地位。20世纪90年代以来高校面临着日益激烈的竞争，不得不将资源集中于高效的、最具有竞争优势的领域，因而建立"卓越学科"成为高校界最

响亮的一个口号。但是，单项核心能力并不能保证高校的世界竞争力，而与其他高校合作，能够融合各自的核心能力，形成某种聚集效应，为合作院校的发展提供机会。这种聚集效应不仅使课程与教学等常规性活动更加丰富多彩、活跃，更重要的是，它能为一些拓展性项目提供较充足的资源或创造较好的条件。高校间的合作不是资源的简单相加，而是创造一种开放的和相互激励的氛围，形成某种凝聚力或整体力量，产生某种聚集效应，使合作院校在某些方面形成优势。

第三，有助于高校突破地域限制。高校之间的资源共享可以在某种程度上缓和教育资源紧缺的状况，使教育资源能够发挥尽可能大的用途。不同高校可以就某一项目签订合同或协议，这种模式往往是通过双边协议，围绕某一项目合作。而项目的内容则比较广泛，可以是一门课程，也可以是一项研究，甚至是联合成立一所网络大学。

战略联盟实质上是一组相关核心能力的组合。只有拥有核心竞争力的高校，才可能找到合作伙伴，达到分工协作、优势互补。否则，即使高校在短期内找到合作伙伴，也难以取得长远的发展和成效。所以，高校必须尽可能培养并突出自己的核心能力。在竞争中增强合作，在合作中提高竞争力。

教育是一种资源，合理适度地建设和发展高校战略联盟就是优化配置教育资源。传统高校的单体发展模式画地为牢，人为分割教育资源的现象严重，容易造成重复投资、资源浪费现象，客观上提高了高等教育的运行成本。因此，应发挥高校聚集效应，强校联手建立战略联盟，整合资源，共同打造世界一流大学。

（二）科学定位，以特色增强实力

办学特色是学校发展的灵魂，各高校在校际比较中应为自身科学定位，以特色增强实力，特色就是精华，就是质量，就是活力，就是竞争力。高校办出特色，不仅是为了自身的生存发展、提高竞争力和社会声誉，最根本的目的在于适应社会发展需要，促进高等教育协调、可持续发展。

美国卡耐基基金会把美国高校分为四个层次：综合性研究型大学、多科性教学研究型大学、教学型大学、职业技能型大学。按照当今世界上通行的高等学校类型结构分类方法，现在一般把我国的高等学校分为研究型、研究教学型、教学研究型、教学型四大类。研究型大学是现代高等教育结构体系中的重要组成部分，多为世界各国的一流大学。研究型大学是学术水平最高、科研成果最多、以研究生培养为主的大学。尽管研究型大学在各国大学中所占的比例只有3%~5%（占本科以上院校的5%~8%），但作为国家科技创新系统中的中坚力量，高水平的综合性研究型大学不仅能源源不断地提供知识和技术的创新成果，而且能培养出大批的学术大师、政治领袖、文化名流、经济精英。它是科学知识的创新源，其使命是在基础科学研究领域或应用基础领域做出杰出的贡献，培养顶尖的博士生、硕士生。

研究教学型大学的学术水平和科研成果仅次于研究型大学，是研究生和本科生培养并重的大学。它是介于研究型和教学研究型大学之间的高校，主要任务是培养具有研究潜力的研究应用型人才；在人才培养层次上，一般是研究生教育与本科教育并重，办学层次涵盖博士、硕士和学士完整的层次。这一类型的大学一般是科研与教学工作并重，强调科学研究的重要地位；拥有相当规模的博士生、硕士生和博士后研究人员；要承担一定数量的国家重大科研课题；要有足够的科研经费和一定数量的具有标志性意义的科研成果。研究教学型大学主张在研究中学习和在学习中研究，用科研促进教学，即在教学工作中突出创新精神的培养。通过不同层面的研究提高本科生的实践能力和理论思维能力；提高研究生的科研能力；提高教师的科研质量。这些都是"研究教学型大学"的应有之义。

教学研究型大学是教学型大学与研究教学型大学之间的中间层次，既有教学型大学组织结构的特点，又有研究教学型大学组织结构的特征，当然，更具有教学研究型大学自身鲜明的特色。教学研究型大学一般是"从教学型大学发展而来的，是以教学为主、科研为辅，教学科研协调发展的大学"。教学研究型大学的学科整体发展水平不是很高，学科之间的发展水平参差不齐。这类大学主要面对区域经济发展的需要，有能力开展知识应用和科技服务工作。从社会经济需求角度看，知识应用和技术创新领域量大面广、发展潜力巨大。尽管教学研究型大学从国家和地方政府获得科学研究基金不如研究型大学和研究教学型大学那么多，但从企业生产一线获得的科技服务和社会服务的资助比例较高，有些大学高达4∶1甚至5∶1。

教学型大学是以本科教学为主，主要任务是传授知识和技能，如何搞好教学是此类大学的基本任务，经常采用基础和专业教研室这类教学行政组织来满足自身的发展要求。由于教学型大学往往缺乏学科建设的意识，学科自身发展还未成形，因此，教研室的组织构架目标是如何搞好知识的传授工作。在由教学型大学向教学研究型大学转型的过程中，要突出和强调科学研究工作的地位，以争取科研项目为目标，通过科研任务来整合科研资源，集聚科研力量，从而带动学科建设和队伍建设。此外，还应注意通过各种政策来引导学科建设，以增强学科建设的意识。通过学科建设水平的提高，获得学位点的授予权，并带动学位点的建设。

就当前高等教育实际来说，多种经济所有制形式必然要求高等教育办学机制的多元化，发展多种形式的高等教育是大势所趋。各层次、各类型高校都应当在政府的宏观指导下，从本校的自身特点出发，确定适当的目标科学定位、发挥优势、办出特色。在未来的发展中进一步加强与国内高校和学术界的交流，不断地学习先进，找出差距，在竞争中求生存，在开拓中求发展。

四、学习先进理念，融入世界潮流，加强国际交流与合作

高校开展国际交流与合作是促进我国教育国际化进程的必然途径，是实现"教育要面向现代化、面向世界、面向未来"目标的必然要求，是加速高校自身发展的必要措施。随着经济全球化和信息通信技术的发展，世界贸易组织促进了成员国教育市场的开放，这些因素必然要求一直走在时代前沿的高等教育，能通过国际交流与合作融入世界发展的最新潮流，这就把高等教育提到了国际化的高度。在国际交流、合作与竞争中提高学术水平和人才培养质量，是高校为21世纪经济发展服务的基本保证。21世纪高等教育日趋社会化和国际化的特征决定了未来大学的学术水平和人才培养质量，也必将在社会比较和国际交往中得以提高。

（一）开辟多种渠道，开展国际交流与合作

高校可以通过聘请外国专家、教师来校任教、讲学或共同开展科学研究等形式，把外国优秀的人才和先进的技术和管理经验引进来，为我所学、为我所用。改革开放以来，我国高校先后聘请了一大批外国专家、教师来校工作。由于这些外国专家、教师业务水平高，工作经验丰富，有敬业精神，对中国也非常友好，他们在高校的人才培养、学科建设的发展、学术和科研水平的提高等方面起到了很大作用。但是在聘请语言专家的同时，更要重点聘请优秀的科技专家来参与学校重点学科和重点实验室等建设以及重大科研项目的攻关。

在高校开展国际交流与合作中争取国外的资金资助用于教学和科研是高校弥补经费不足的有效方法。合作办学项目和机构大多采用经费上自给自足的模式，可以利用外方的投资或收取较高的学费来改善办学条件和教学设施，在不同程度上增加高校的办学经费或是减少高校的办学支出。目前，世界上许多组织、机构设立了各种贷款或基金来资助发展中国家的教育。我国尚属于发展中国家，许多学校的办学资金还相当紧缺。所以，我国的高校要积极创造条件争取得到国外资金资助，以此来加强学校的基本设施建设，改善办学条件，促进学校的发展。另外，中外合作办学提供的大多是社会紧缺专业，加上其课程及教学模式的新颖性、师资队伍的国际化，往往可以吸引大批学生就读，成为各高校在招生竞争中吸引生源的方式之一。

随着我国经济的持续发展、科学技术的不断进步，我国的国际地位有了显著的提高。接受外国留学生来校学习是学校开展国际交流的重要途径。要采取一些积极的措施大力发展留学生教育，在政府留学生奖学金的基础上，有条件的高校还可以考虑设立校内留学生奖学金，为自由申请的国外留学生以及签有校际合作关系的国外高校留学生来华求学提供经济资助；高校还可以鼓励有条件的院系乃至研究课题组设立研究奖学金，形成来华留学生多渠道（政府—大学—专业的）经费资助来源，以吸引更多

的留学生来华学习。除了提供一些优惠政策外，还可以整合我们具有中华民族特色的课程如汉语、中医、中国武术等。我国目前已经具备了吸引和接受外国留学生来华学习的良好外部环境。各高校要趁势而上，适度发展外国留学生教育。要把发展外国留学生教育和学校的整体发展目标结合起来，认真研究、制订发展规划，并采取切实有效的措施做好对外宣传工作，扩大自己的对外影响，争取生源。

国际交流与合作还提供了教师到国外参加学术会议或学习进修的机会，他们可以直接与外国的专家和同行们交流、切磋，可以接触和了解本学科在国际上的最新发展动态，获取第一手信息资料。所以，学校要积极鼓励自己的教师，特别是中青年优秀教师到国外参加学术会议或学习进修，并为他们出国提供各种便利和必要的经济资助。这些教师在国外学成回国以后，学校要重视他们，要善于发挥他们的作用，必要时还要为他们的教学和研究提供场地、设备和资金，使他们在国外学到的知识有充分的用武之地。

由于受经费以及签证等因素的限制，学校教师中能够出国参加国际学术会议的人员和机会是有限的。因此，学校可以自己承办一些国际学术会议，邀请国内外知名的专家、学者与会，这样可以让更多的本校教师得到与国内外专家、学者相互交流、相互切磋的机会，可以让更多的教师受益。同时，邀请外国专家、学者来校参加国际学术会议，也为国外专家、学者提供了直接了解中国、了解自己学校的机会，使这些外国专家、学者亲眼看到中国的发展和变化，看到中国高校的实力和今后的发展前景，从而使他们增强与中国高校建立和加强长期交流和合作关系的信心。

（二）在国际交流与合作中提升高校竞争能力

我国是世界银行、经济合作组织和许多发达国家公认的"世界上最大的教育出口国"和"最大的教育服务贸易市场"。我国在中外合作办学中，除了增进与世界各国的交流之外，同其他亚太国家一样，更强调提升本国教育的能力建设，这主要体现在构建教学体系、改革教学管理、建设师资队伍、进行制度建设等方面。通过合作办学引进优质教育资源包括国外先进的教育理念、专业、课程、教材、师资和教学模式等，引进人才培养所需的新专业、新课程和新教材，推动课堂教学模式的改革和创新，推动教师队伍国际化。建立一支适应合作办学的师资队伍和管理队伍，每年选派教师出国培训，增强他们对西方文化、教育制度的了解，对合作方教学情况的了解，学习国外课堂教学模式等。鼓励有条件的专业建立科学合理的、与国际接轨的课程体系和教学内容。人才的培养是在教学过程中实施的，教育质量的高低也要体现在课程结构和教学上。高等教育要适应教育国际化的需要，就必须在课程结构上做较大的改革，在公共基础课和文化素质修养课中开设国际教育方面的课程，如国际政治、国际经济、国际贸易、国际文化，以及介绍外国历史、地理、风俗等方面的课程；在各专业、本学科的教学内容中及时补充国外最先进的科学文化知识和科技成果；选用国际上先进的教材。此外，还要借鉴西方成熟的教学管理经验和教学方法，结合我们自身传统中的优秀教育、教学思想，形成独特的办学理念，逐步走出一条中西结合、以我为主的办学道路。我国高校在国际交流与合作中要掌握主动权，在国际化的环境中培养学生具有国际意识、国际通用语言交流能力和紧跟世界潮流的专业知识，养成坦诚开放和主动进取的风格，从而更好地为我国的经济建设服务。

随着我国社会的进一步开放，高校的国际交流与合作渠道将更加顺畅。国家各级教育行政管理部门要努力学习国外先进的高等教育观念和办学理念，继续促进中外大学校长之间的交流和教育行政管理部门之间的交流和合作。2002年举办的中外大学校长论坛就是一个很好的尝试，应继续支持并完善，使之成为我国高等教育国际化进程中的一个重要平台，成为国内外大学校长们互相交流学习的一个重要的具有国际影响的高校管理论坛。在鼓励国内各高校加快高等教育国际化进程的同时，还应尽量用现代大学的先进理念来对我国高等教育的办学理念、管理体制、评估体系、拨款机制等进行实质性的改革，为国内各高校的国际化进程提供宏观的指导和体制保障。各级教育行政主管部门在进行宏观指导的同时，要尽量推动并维护国内高等教育的多样性，鼓励各高校在国际化的进程中因校制宜，有选择性地利用国外的优质教育资源，有的放矢地在本科教育领域开展国际合作和交流，走有特色的国际化之路，力求避免各高校在国际化的途径、目标、层次以及合作对象等方面出现趋同。

高等教育国际化是当今高等教育发展不可逆转的趋势，真正一流的大学，一定是国际化的大学。高等教育国际化为提升我国高等教育的现代化水平，拓宽我国高等教育市场，促进我国高等教育体制变革与创新等提供了有利条件。同时，也在我国高等学校现行的办学体制、运行机制、专业结构、管理方式以及教育资源、教育目标价值取向等方面形成了挑战。因此，学习先进理念、融入世界潮流，加强国际交流与合作势在必行。借鉴世界知名大学先进的办学机制和运行模式，建立国际通行的现代大学制度，是高校应对国际竞争、提高核心竞争力的必由之路。

第三章　现代高等学校管理概述

　　高等学校管理是高校各项工作的计划、组织、领导和控制的过程，是高等教育管理的一个重要组成部分。高等学校管理的目的和意义在于，通过计划、组织、领导和控制高等学校运行过程中的各个环节，协调处理好各要素之间的关系，调动师生员工的积极性，优化配置学校的人、财、物等资源，以更好地履行高等学校的职能，达成组织的目标。由于现代高等学校办学规模庞大、组织结构复杂，与外部联系密切，从而凸显了高等学校管理的复杂性和重要性。本章拟从高等学校组织特征出发，分析高等学校管理的特殊性，探讨高等学校管理体制、管理原则和管理者素质与队伍建设等问题。

第一节　高等学校组织特征

　　所谓组织，即具有一定的共同目标和按一定的活动规范组成的社会群体。组织理论认为，"组织是由人们构成的具有特定目标和正规化社会结构的集合体，是为达到一定目标而设计出来的工具。"高等学校作为现代社会系统中的一个正式组织，具有组织的一般属性，即高等学校组织中存在着既定的组织目标，具有正式的组织结构，有整套为了实现组织目标、保证组织稳定的制度体系等。但是，相对其他社会组织，高等学校又具有自身独特的性质与特征。本节对此展开讨论。

一、高等学校组织的"二重性"

　　高等学校作为一种特殊的社会组织，既是传承文明的教育机构也是发展科学的学术机构。它既有别于政府组织和工商企业，又有别于同样作为教育组织的中小学校。要了解和领会高等学校组织的性质，我们首先从高等学校与其他社会组织的差异性开始。

　　现代高等学校，一方面秉承追求高深学问、培育社会英才的传统，另一方面又肩负服务社会、引导社会的使命。它的目的和主要任务是培养高级人才、探求高深学问。人才培养和科学研究是高等学校的中心工作。与其他社会组织不同，高等学校组织具有"二重性",即高等学校兼有"教育性"和"学术性"的组织属性。

高等学校组织具有教育性,是因为高等学校的基本任务是培养高级专门人才。保证人才培养质量是高等学校最为基本的组织目标,高等学校必须首先要实现教育性的目标。在一个教育组织系统中,"人"(受教育的人)既是系统输入的"原材料",又是系统输出的"产品"(受过教育的人),这与政府机构和工商企业等社会组织是截然不同的。当然,高等学校与同样作为教育组织、实施基础教育的中小学校相比,在教育目标上还存在着明显的区别。高等学校是在中等教育基础上实施专业教育的机构,为社会培养的是具有高级专门知识和技能的专业人才。

高等学校组织具有学术性,是因为高等学校不仅是知识传播的场所,同时也是发展知识、创造知识的机构。传递知识、批判现存知识、创造新知识是高等学校学术性的根本表现。在高等学校系统中,"知识"与"人"一样既是系统输入的"原材料"(已有的知识),又是系统输出的"产品"(新的知识)。对于知识发展、知识创新的追求也是高等学校的一个重要目标。高等学校组织的学术性,主要表现为高等学校传授的是相对高深的知识,实施的是专业教育,按专业或学科设计组织结构,教学活动和科学研究活动紧密地联系在一起。这与实施基础教育的中小学校也是明显不同的。

高等学校兼有教育性和学术性的组织属性,二者相互作用、相辅相成。首先,作为传承文明的教育机构,高等学校的主要任务是为社会培养人才,教育性是高等学校作为教育组织的基本属性。其次,作为发展科学的学术组织,传播高深学问、创造新的知识是高等学校的另一个重要任务,学术性特征是高等学校作为教育组织的特殊属性。高等学校传授的是相对高深的学问和专门的技能,教师具有广博高深的知识积累,学校拥有良好的科研条件和浓厚的学术氛围,是高校实现人才培养目标的重要前提。因此,高等学校组织的学术属性对实现人才培养的教育目标,具有直接的支持作用。反过来,高等学校以专业和学科为依托,开展教学、科研活动,在人才培养过程中师生教学相长、相互砥砺,在科学研究过程中教师之间、师生之间共同合作,对高校学术发展目标的实现也同样具有直接的促进作用。高等学校组织兼有教育性和学术性的"二重性",因此得以充分体现。

二、高等学校组织的"松散性"

"松散结合系统"是 K.E.韦克对教育组织特性的概括,他认为"松散结合系统"的特征主要表现在以下几个方面:①组织虽有目标但难以统一;②组织中不同机构之间虽存在联系,但相互作用微弱;③组织管理需要更多的是专业判断而不是行政命令;④组织成员流动性强,责任不易确定;⑤强调分权;⑥难以计算成本和效益。

高等学校具有"松散结合系统"的组织特征,是由高等学校组织的学术性和专业性所决定的。首先，高校组织是依专业和学科设计组织结构的，由于学科和专业的分化和系统化，使组织内部自发地形成了不同的领域，而不同的领域又形成了自己专门的话语体系，具有不可通约性和不可替代性。由于高校组织的专业化，高校内许多不同的学院或系所之间相互独立自主、相互关系松散。其次，高等学校的专业人员成为组织的权威，拥有较大的自主权。在教学和研究活动中，专业人员本能地排斥行政命令。由于知识探索与发现是一个具有特殊性的活动，人们较难以用确切的时间和清晰的目标来评估专业人员的行动进程。上面两方面因素决定了高等学校相对其他社会组织具有"松散性"的组织特征。

高等学校组织的"松散性"，导致了自身的"有组织的无序状态"，其特征是：

（1）目标的模糊性。高等学校作为社会的一种组织，它有着多方面的组织目标，既要培养人才，又要研究成果，还要经济效益。作为高校教师的个人，目标同样也是多样的，既要教学，又要研究，还要争取较好的个人收益。在这些多样的目标之中，培养人才和科学研究是主要目标，而这两项目标从本质上看，恰恰是一种观念性的东西，存在于人们的头脑之中，难以量化，无法物化，也不可能建立统一的标准。这就完全不同于企业里可物化、有标准的产品目标。因此，高校的组织目标，是比较模糊的，是难以形成标准的。这就决定了高等学校运行和发展很难以标准模型和数量指标来加以评价。

（2）组织的学科性。高等学校组织是以学科和专业为基础的；学科专业是"高等学校的基本要素"，是"高等学校的基本工作单位"，也是"高等学校成员的基本身份单元"。高等学校的组织设计和内部分工在很大程度上取决于专业和学科的划分。高等学校的校、院、系三级管理体系的形成，既是大学建制传统的延续，又与学科专业发展密切联系。大学组织的学科建制直接导致了不同学科之间在组织结构方面的分离状态。不同专业与学科之间，不同机构及其组织成员之间（包括上下级关系、教师之间、教师与学生关系）虽存在联系，但相互作用相对微弱，以致"整个组织实际上就像拥有各知识群体的控股公司"。

（3）组织的自主性。高等学校组织的自主性表现在两个方面。首先，与其他社会组织相比，高等学校具有较大的自主权。办学自主权反映的是一所高等学校办学与政府（包括其主管部门在内的）控制之间的制衡关系。高等学校组织的自主性既是大学自治传统的延续，同时也是大学组织学术性导致的必然结果。其次，高等学校的组织成员具有较大的自主性。高度的专业化作为一道护身符，在一定程度上能有效抵制非专业人员对于学术活动的介入，从而给活动主体提供了"自作主张"的机会，教师便获得了在教学和科研活动中的很大自主决定权。专业人员的自主性反过来也为大学组织拥有更大的自主权提供了可能。

需要说明的是，"松散结合的系统"观并不否认高等学校是一个整体性的组织，有组织的无序状态也只是强调高校组织之中的自主、模糊特点。高等学校作为"松散结合系统"的观点,为我们描绘了大学组织存在着某种程度上的"无序"状态。这种无序并非指组织秩序的混乱,它意在揭示大学组织目标的非标准化特征和内部关系相对松散的状态,旨在帮助人们理解高校组织相对于其他社会组织的特殊性,以及高等学校管理的复杂性和重要性。

第二节 高等学校管理体制

高等学校管理体制是关于高等学校管理机构设置、管理权限划分及领导隶属关系的总称,涉及高等学校的权力结构、领导体制及其组织形式等问题。高等学校权力结构,指的是不同性质的权力在高等学校管理中的关系问题。高等学校领导体制,反映的是高等学校管理决策主体的问题,即"谁来决策"的问题。高等学校领导体制和权力配置关系(权力结构)决定着高等学校管理机构设置及其组织结构。

一、高等学校领导体制

高等学校领导体制,指的是高等学校内部领导权力的分配方式及其相关的制度。其核心问题是谁来决策,即学校内部管理的决策主体问题。依决策主体划分,高等学校领导体制存在两种情况:一是校长负责制("一长制"),二是集体决策制。集体决策制是相对"一长制"而言的,是指高等学校按一定原则设立校务委员会(理事会)或董事会等作为学校管理的决策机构。因国情差异,校长负责制和集体决策制在不同国家高等学校中又有不同的表现形式,如"一长制""委员会制"和"董事会制"等。

(一)高等学校领导体制的几种形式

1. "一长制"

"一长制"主要是指决策权力集中于一位首长身上,在高等学校主要是校长负责制。这种领导体制的特点是,校长是学校的法人代表,对全校负责,对外代表学校,对内全面领导教育教学、科学研究、社会服务和行政管理工作,拥有决策权和指挥权。在中央集权型的高等教育管理体制下,实行"一长制"的公立高等学校,校长一般由政府部门委派和任命。

"一长制"的优点是,学校管理的领导责任明确,决策程序相对简单、效率较高。不足之处在于,校长权力如果缺乏制约,容易产生个人独断专行的弊端。此外,这种体制受到校长的个人见识和能力的制约,容易导致决策失误。为了弥补"一长制"的不足,实行校长负责制的高等学校,一般设有校务委员会或理事会,在重大事务的决策方面发挥咨询审议等辅助支持作用。

2. 委员会制

委员会制是高等学校集体决策制的一种类型。许多国家的高等学校设立理事会或校务委员会作为管理决策机构。这种理事会或校务委员会从组成上说一般可分为三种类型。一种类型是由非学术人员组成的理事会或校务委员会，如美国高等学校的理事会。该委员会一般是由非专业的人员组成的，主要负责学校中非学术事务的决策。另一种类型是主要由学术人员组成的理事会或校务委员会，如法国大学的理事会、德国大学的校务委员会。委员会成员中教授占有很大比例。第三种类型则是由学术人员和非学术人员共同组成的，如英国大学的校务委员会就包括由学术人员组成的大学评议会成员和由非学术人员组成的大学理事会成员。后两种类型的理事会或校务委员会则要承担学术事务和非学术事务两方面的决策任务。

委员会制较好地解决了"一长制"的弊端，它的优点在于有利于集思广益，实现高等学校科学决策和民主管理。缺点是由于权力相对分散，领导责任较难确定，导致决策过程相对烦琐、效率较低。

3. 董事会制

董事会制是高等学校设立董事会作为集体决策的机构。董事会一般由校外人士组成，成员包括政府官员、企业家、社会名流等。董事会是学校法定的所有者或法定的管理者，负责制定学校的大政方针、决定校长人选、分配学校的资财经费等。董事会成员往往代表不同的势力和利益集团。在私立高校中，董事会成员一般代表不同捐助者的利益，如创办学校的家族、私人机构、教会团体、校友、基金会等。在公立高校中，董事会成员可以代表政府机关、捐助者、社会公众等。董事会制度普遍实行于美国模式和英国模式的各国高等学校。近年来我国一些民办高校也在实行类似的董事会制度。

从美英等西方国家高等教育发展历程来看，董事会不仅是社会参与高等学校管理的主要途径，同时也是促进高等学校管理和发展的有效形式。高等学校通过董事会不仅能够较好地制定学校大政方针和发展计划，而且能够通过董事会制度加强与社会各方面的联系，解决学校办学经费和办学资源供给等问题。但是，也有人认为，董事会制在一定程度上可能会对学者的学术自由带来消极或负面的影响。

（二）我国高等学校领导体制的历史沿革

新中国成立以来我国高等学校领导体制历经多次变革，先后经历过"一长制""委员会制"等形式，目前实行的主要是党委领导下的校长负责制。现以时间为序分述如下：

1. 校长负责制

1950年8月教育部颁布《高等教育暂行规程》，规定大学及专门学院采取校（院）长负责制（即"一长制"）。当时的党组织实行党组制，对学校行政不承担领导作用。

校长由中央人民政府任命,是高等院校的最高首长。校(院)长的职责是领导全校(院)一切教学、研究及行政事宜;领导全校(院)教师、学生、职工的政治学习;任免教职员工;批准校(院)务委员会的决议等。同时,高校设校务委员会,由校长担任主席。学校的计划、预算、制度、兴革等重大事项由校务委员会通过后,校长主持执行。关于学校内部的党政关系,1955年5月中宣部《关于学校工作座谈会的报告》对此做了说明,"学校中的党组织和学校行政互相间没有领导与指导关系,但应互相帮助,为搞好教学、办好学校而协同进行工作"。

2. 党委领导下的校务委员会负责制

1956年9月中共"八大"通过的党章规定,在学校设立党的基层组织并领导和监督本单位的行政机构和群众组织工作。1958年9月,中共中央、国务院在《关于教育工作的指示》中明确:"一切学校应当受党委的领导。""在一切高等学校中,应当实行党委领导下的校务委员会负责制。"采取这一体制的目的在于加强党在高等学校中的领导,保证党的教育方针得到贯彻执行。党委全面领导学校的政治思想教育、行政管理、教学、科研和生产等各项工作。由于没有规定校长应有的地位和职权,因而管理上以党代政,校务委员会有名无实,校长的作用十分有限。

3. 党委领导下的以校长为首的校务委员会负责制

1961年9月中共中央批准试行《教育部直属高等学校暂行工作条例(草案)》(即"高校60条")。《条例》规定:高等学校的领导制度,是党委领导下的以校长为首的校务委员会负责制。校长及校务委员会在校党委的领导下开展工作。学校工作中的重大问题,由校长提交校务委员会讨论,做出决定,由校长负责组织执行。很明显,党委领导下的以校长为首的校务委员会负责制较之以前的领导体制,在处理学校中党的领导和行政领导、集体领导和个人负责的关系方面有较大进步。1962年3月,周恩来总理在二届人大三次会议上提出,将这个条例的适用范围推及全国所有的高等学校。

4. 党委领导下的校长分工负责制

1978年10月,教育部在修订"高校60条"的基础上,颁布《全国重点高等学校暂行工作条例(试行草案)》。其中关于高校领导体制方面作了较大的变动,原规定的高校实行"党委领导下的以校长为首的校务委员会负责制",改为"党委领导下的校长分工负责制",高校不设校务委员会。学校的重大问题,在经党委会做出决定后,由校长负责执行。这一规定基本上是一种在集体领导下的首长负责制。

5. 党委领导下的校长负责制和校长负责制并存

1985年发布的《中共中央关于教育体制改革的决定》规定,"学校逐步实行校长负责制,有条件的学校要设立由校长主持的、人数不多的、有威信的校务委员会,作为审议机构。"党委所起的作用是保证和监督。《决定》颁布后,随即在部分高校进行校长负责制的试点。1990年中共中央发文(中发[1990]12号)进一步明确,高等学校实行党委领导下的校长负责制。此后，试点校长负责制的高等学校逐步过渡到"党委领导下的校长负责制"的轨道。

6. 党委领导下的校长负责制

1998年国家以法律的形式确立了高等学校的领导体制。1999年1月1日开始实行的《中华人民共和国高等教育法》第三十九条规定："国家举办的高等学校实行中国共产党高等学校基层委员会领导下的校长负责制。中国共产党高等学校基层委员会按照中国共产党章程和有关规定，统一领导学校工作，支持校长独立负责地行使职权。"《高等教育法》对党委和校长的职责、权限同时做出明确划分。《高等教育法》所确立的党委领导下的校长负责制，一方面从法律上规定了党对高等学校的领导权，另一方面也进一步确认了校长对于学校发展的责任和作用。

第三节 高等学校组织结构

组织结构是指一个组织内部各构成部分及其相互之间联结的方式。高等学校组织结构是指高等学校内部各个组成部分之间的组合方式，它反映了高校内部不同权力主体和职责主体之间的分工和合作关系。

一、高等学校组织结构形式

（一）直线型组织结构

直线型组织结构是一种自上而下的垂直领导结构，它反映的是不同管理层次上的管理者之间指挥和执行的关系。在高校管理中，这种组织结构的特点是校长实施所有的指挥和管理职能，另有个别职能人员协助校长工作，不设立专门的职能部门。

直线型组织结构的优点是形式简单，命令统一，上下关系明确，责任权限分明。缺点是校长必须知晓全校的情况，亲自处理几乎所有的管理事务。对于当前我国绝大多数高等学校来说，校长要做到这一点几乎是不可能的。因此，这种组织结构只适用于规模较小的学校，如初创阶段的一些民办高等学校、规模较小的成人高等教育机构等。

（二）职能型组织结构

在这种组织结构中，设置职能机构分担校长的某些管理职能。这些职能机构受校长委托，有权对下级机构下达指示，进行指挥，下级机构必须服从。相对直线型组织结构，职能型组织结构的优点是，可以使校长从各项具体的管理事务中相对解脱出来，腾出一定的时间和精力考虑全局性的问题；同时职能机构人员可以充当校长的"参谋"

角色,有助于校长的正确决策。缺点是下属的院系负责人经常会遇到多头指挥的情况,造成工作中的无所适从。

单纯的职能型组织结构在我国高等学校中也并不常用。例如,某些成人高校的校长往往是兼职的,为减少兼职校长的指挥工作,可考虑采用此模式。另外,一些规模较小的民办高校和独立学院也可以采用这种组织结构。

(三)直线—职能型组织结构

直线—职能型组织结构,也称"直线—参谋制组织结构"。这种模式兼有直线型和职能型组织结构的优点。它保持了直线型的"指挥链",从校长到院长、系主任直至各教研室进行统一指挥,同时,每一级又设有承担具体管理职能的职能机构或职能人员,对各级负责人的管理工作起协助、咨询作用。这一模式目前为我国大多数普通高等学校所采用。其缺点是各职能机构分工界限难以厘清,机构间的横向联系和彼此协调比较困难。

(四)分权型组织结构

一些规模较大的组织,由于组织目标和组织活动的多样性,集中决策困难,以及出于增强组织内某些要素对环境适应性的考虑,往往采用分权型组织结构。这种组织结构的特点是,将相当大的一部分原来集中于最高管理层的管理权,下放到中间管理层次或较低的管理层级上,形成分权制组织结构。

分权制组织结构的优点是,便于发挥基层组织的自主性和创造性,便于基层单位及时顺应环境变化,同时也减少最高管理层的负担,减少因最高管理层决策失误而给组织可能造成的损害。缺点是这种组织结构会导致因权力分散而难以统一指挥的情况,同时也可能导致次级管理层次及管理机构的扩张。

这种组织结构对应于大学组织,又可称为"学院制模式",西方综合性大学较为普遍地采用。这一模式一般给予学院以更大的权力,校长只管到全校性的工作,学院一级有相对独立的权力和责任。它适用于规模较大、学科专业较多的多科性大学和综合性大学。我国许多高校正在实行的"学院制"和扩大校属学院办学自主权的改革,在某种程度上已经部分促成高等学校分权制组织结构的形成。

(五)矩阵式组织结构

矩阵式组织结构是一种混合型的组织形式。它是在"直线—职能制"的基础上,除了保持原有的直线指挥系统外,又建立了一种横向的协调系统,二者相互交叉形成类似数学中的矩阵结构。这种组织形式,有利于协调各方面的要素来完成某一方面的重大任务;不足的是矩阵式组织结构存在双重领导,难以实现统一指挥,同时也很难解决组织成员因身兼数职而导致精力分散的弊端。

这种组织结构运用到高等学校的情况是,校长之下设若干学院(系科)和中心,中心人员是根据特定的任务从院系或其他部门挑选出来的。它适用于跨系所、跨学科的研究中心和实验室建制，这种组织形式有利于完成重大科研及集体攻关项目。此外，高等学校在应对突击性的重大任务时，一般会采用这种组织形式。

二、影响高等学校组织结构的因素

影响组织结构的因素很多，从直接的影响来看，这些因素主要有两个：一是组织管理的层级，二是组织管理的幅度。

管理层级是指组织管理纵向上的权力划分跨度。在现代社会组织中，管理层级一般包括决策层、协调层、执行层和操作层。高等学校管理的决策层和协调层是指校级决策机构和职能部门，执行层和操作层则主要是指各个院、系、研究所和教研室。

管理幅度是指某一特定层级对下一层级直接管理的人数和机构数，它反映的是某一特定层级的管理者在工作职责上的横向跨度。管理幅度越小，越便于管理者有效地指挥下级。目前我国许多高等学校一改过去普遍采用的"校—系"两级组织形式，而采用"校—院—系"三级管理模式，从管理学的意义上理解，主要是基于减少学校决策层和协调层的管理幅度考虑。

当然，在组织管理中并不是管理幅度越小就越好。管理幅度的减小，同时会相应地增加组织的管理层级，从而导致管理成本的上升和管理效率的下降。管理幅度和管理层级之间所存在着的矛盾，制约着组织管理体制和组织结构。因此，在高等学校的组织设计中，必须综合考虑管理层级和管理幅度对于组织结构的影响。

三、校院系结构

校院系三级组织结构，是国际高等教育的一般情况。在校一级，"大学"是基本的组织形式，它在高等学校体系中占有主体地位。大学这一组织形式，首要的特征就是它的多学科性。现代意义上的大学，从欧洲中世纪产生之日起，就是一种"组合"。这种组合，既指教师与学生的组合，亦指学科的组合。由这种组合而形成的现代意义上的"大学"，与生俱来就是多学科教学的综合体。在校一级，除大学外，还有独立设置的学院和高等专科学校等形式。前者如美国的麻省理工学院、韦尔斯利学院，英国的格拉斯哥理工学院、伦敦经济政治学院，后者如巴黎高等师范学校、巴黎理工学校等。

在校院系结构中，学院处于系列的第二级，而且是一个最复杂、最变化多端的层级。在不同的高等学校中，二级学院的性质、名称、规模很可能大不相同。大体来说，二级学院主要有三种类型：一是牛津、剑桥式相对独立的、多学科性的、师生共同生活其中的二级学院，如牛津的三一学院、圣埃德蒙学院，剑桥的彼得学院、卡文迪许学院等。由这些学院而组成的大学，如牛津和剑桥，其实正是一群相对独立的学院组合体。二是大学内按照不同层次划分的本科生学院和研究生学院。前者多称为"大学学院"或"文理学院",如哈佛大学的哈佛学院和拉德克利夫学院,耶鲁大学的耶鲁学院,芝加哥大学的大学学院。后者一般以学科专业命名,也有按"研究生院"命名者。三是最常见的二级学院,即大学中按照学科专业划分的专业性学院。这些学院一般都建立在学科门类上,以学科专业命名,如文学院、理学院、工学院、法学院、农学院、医学院、商学院、教育学院等。在这一级,和学院性质相近的还有一些其他的组织形式,如法国大学中的"教学与科研单位",日本某些大学中的"学部""学群"等。这些组织形式也都是按照学科专业来划分的,只是口径可能比一般的专业性二级学院更大一些而已。

学系处于系列的第三级,是大学中最基层一级的教学科研组织。学系于19世纪初始于美国的哈佛大学,是为了克服德国大学讲座制的缺点而创立的。以学系代替讲座,有利于拓宽学科的口径、加强学科专业间的联系,有利于将教授组织起来、发挥教授群体的作用、减少教授个人对学科事务的专制。一般来说,系大多应建立在一级学科的层次上。校院系建制是世界大多数国家高等学校的基本模式。它能够延续至今,仍为大多数国家所沿用,并几近成为国际的惯例,必有其内在的必然性。当然,校院系建制的基本模式决不意味着是标准模式,它们本身在历史的发展过程中已经发生了很大的变化,产生了许多的变式。更何况,在某些特殊的国家里,高等学校并非实行校院系建制,如苏联的校系室建制、德国的校系讲座制等。

20世纪前期,我国的高等学校大多实行校院系系列。1928年,《大学组织法》中规定:大学可以设置文、理、法、商、教育、农、工、医等八大学院,设立三个学院以上的学校可称为大学。1952年院系调整后,我国高校仿苏联模式,实行校(院)、系两级制。近十年来,随着我国高等学校办学规模的迅速扩张,高等教育管理体制改革的不断深入,许多高等学校重新走上了综合化的发展道路,学院重新回到高校组织形式中来,学院制的管理学意义在于分权。这种分权,目的在解决两个方面的问题,一是降低管理重心,减小管理幅度;二是加强学术权力,强化基层管理。在高校组织形式的改革中,这两方面的目标缺一不可。如果只有前者而不顾及后者,学院制只能视作直线职能制的"变种",徒增一个管理层次。实行以学院为管理实体的学院制,必须扩大学院的自主权,以强化学院实体自主适应的能力。也只有这样,高等学校才能实现推行学院制管理改革的初衷。

第四节 高等学校管理原则

高等学校管理原则是为实现学校组织目标而制定的管理工作指南和行动准则。高等学校管理原则既是一般管理理论在高等学校的推广与应用，又是高等学校管理实践经验的总结，对高等学校的管理实践具有指南的作用。

一、目标性原则

高等学校管理的目标性原则是管理的基本原则，也是组织管理计划职能的体现。组织目标既是组织管理的出发点，也是组织管理的归宿，在管理过程中具有首位性、指导性和渗透性。首先，确定目标作为计划职能的主要环节，先于管理的组织、领导和控制等其他环节，目标的这一属性就是目标的首位性。其次，目标不仅规定着"做什么""何时做""谁去做""如何做"，同时也是评价"是否做到"的标准，目标的这一作用就是它的指导性。第三，所谓目标的渗透性就是指目标影响管理的整个过程，渗透于管理的各个环节之中。

高等学校管理目标性原则可以表述为：高等学校应根据社会需要和自身实际情况，确定适宜的办学目标；高等学校的所有管理活动和环节，都要围绕着这一目标来进行，都要为实现这一目标而服务，以此目标为指导，协调处理好办学过程中各要素之间的关系，优化配置学校内外部的人力、物力和财力等资源，从而更好地履行人才培养、科学研究和社会服务等方面的职能。

在高等学校管理中，目标性原则主要体现三个方面的要求：①高等学校管理要重视规划和计划工作。我国高等学校数量庞大、种类繁多、发展水平不一，因此，高等学校要根据社会需要，从自身的实际情况出发，科学编制发展规划和工作计划。既要兼顾人才培养、科学研究、社会服务等职能之间的关系，又要有所侧重，坚持有所为、有所不为的指导思想，确定适合自己的办学目标，选择相应的行动方案。②高等学校要以自己的办学目标为指导，协调处理好办学过程中各要素之间的关系，优化配置学校内外部的人力、物力和财力等资源，使其更好地实现自身的办学目标。③高等学校管理应该兼顾过程管理和目标管理，适当体现以目标管理为主的要求。目标管理强调"每一项工作都必须为达到总目标而开展"的管理思想，它具有以下优点：一是有利于"更好地管理"，提高管理水平；二是有利于"明确组织机构"，使组织作用更清晰；三是"促使人们去承担任务"，因为目标是自己参与决定的，人们当然会致力于实现这一目标；四是"有助于开展有效的控制活动"。高等学校是兼有教育性和学术性的特殊组织，人才培养和科学研究的过程复杂，教师和专业人员具有较大的自主性，单纯采用过程管理既有难度又有缺陷，高等学校管理借鉴目标管理的思想和方法，有利于调动广大教职工的积极性和创造性，从而实现对高等学校的有效管理。

二、整体性原则

根据系统论的观点，任何事物都是由相互作用和相互依赖的若干要素结合而成的具有特定功能的有机整体（系统），同时这个整体又是另一个更大系统的一个组成部分。高等学校作为一个系统，对其管理要有整体观念。既要体现整体规划下的明确分工，又要体现分工基础上的整合，从而保障组织结构的稳定和管理的正常运行。

高等学校管理整体性原则可以表述为：高等学校管理应以人才培养为中心，协调处理好个人发展与社会需要、教学与科研、教师与学生、学术事务与非学术事务等方面的关系，促进学校事业的持续发展和学校管理的有效运行。

在高等学校管理中，整体性原则主要体现三个方面的要求：

（1）高等学校是社会系统中的一个子系统，高等学校管理要充分考虑社会需要和环境变化。高等学校面对的社会要素包括政府、市场、生源等各个方面，是高等学校系统运行的环境因素，对高等学校管理有着直接的影响。一方面，高等学校要在政府指导下，面向社会开放办学，最大限度地满足社会的需要，体现"办人民满意的教育"的原则要求。另一方面，高等学校管理要密切关注社会环境的变化，科学合理地制订发展规划，及时调整办学指导思想和人才培养目标，促进学校事业的持续发展。

（2）高等学校管理要处理好教学与科研、教师与学生等方面的关系。坚持教学和科研的统一，是高等学校实现三大职能的基本要求。当然，不同类型的高等学校，客观地存在着教学和科研之间的矛盾问题，主要表现在人力的投入、经费、设备的安排，劳动报酬和收益分配等方面。这就需要高等学校依据自身的办学思想，制定适当的政策，以调节教学和科研之间的关系，促进办学目标的实现。此外，高校的管理，还应该兼顾教师与学生的关系，既要维护教师的权利和学术自由，又要坚持"一切为了学生、为了一切学生"。

（3）高等学校要正确处理学术事务和非学术事务之间的关系，使其密切合作，协调运行。高等学校的学术事务包括教学、科研等工作，非学术事务包括学生工作、行政管理和后勤服务等。前者是高等学校办学的核心业务，后者对前者具有支持和保障等作用。高等学校管理必须兼顾两个方面的要求，协调处理好两个方面的关系。在管理过程中，既要充分重视和体现学术事务的重要地位，又要关注和兼顾非学术事务的支持性作用。既要注重发挥教师和专业人员的积极性，又要注意保护教学辅助人员、行政与后勤服务人员的积极性，从而保证高等学校各项办学活动的正常有序进行。

三、民主性原则

民主管理的核心，就是组织成员参与管理。它的意义在于两个方面：一是借助一定形式和程序让组织成员参与到管理过程，有助于提高他们的积极性，增强对组织的归属感；二是组织成员参与管理过程，有助于管理者了解民情，集思广益，科学制定决策和政策。民主管理是现代组织管理的一个基本要求，对于具有高度专业性和学术性的高等学校而言，实行民主管理有着特别重要的意义。

高等学校的管理民主性原则可以表述为：高等学校应该依靠广大教职工和学生办学，采取多种形式鼓励师生员工和社会力量参与高等学校管理。在高等学校管理中，民主性原则主要体现三个方面的要求：

（1）高等学校管理要采取多种形式保障广大教职工和学生参与学校管理过程。高等学校教师和学生对于民主管理有着很高的要求，他们需要借助一定的形式参与学校的管理过程。应健全教代会、教授会和各种专门委员会，发挥它们在高校管理中的作用。高等学校的工会、妇联、共青团、学生会组织，也是高校民主管理的重要形式。高等学校应该进一步完善民主管理制度，加强民主管理机构的组织建设，实现有效的民主管理，提高教职工和学生对于学校的归属感，发挥他们的积极性、主动性和创造性。

（2）高等学校管理要重视发挥教授等学术人员在办学过程中的作用。在高等学校中，教授等专业人员，是所从事的专业学科领域内的专家，他们对于专业范围内的事务应该有决定权，而不能以行政权力横加干预。在学校的发展中，也应注重听取他们的意见和建议，这能够保证有关政策的正确性。高等学校通过设立校务委员会、学术委员会等咨询和审议机构，让教师在自己有发言权的学术领域享有更多的发言权，不仅体现了民主管理的要求，同时也是高等学校科学管理的需要。

（3）高等学校民主管理还应吸纳社会群体的参与，通过董事会、校友会和学生家长联系制度密切与社会各个方面的关系，调动他们参与学校管理的积极性，从而有利于学校大政方针的制订和学校事业的进一步发展。

四、效益性原则

高等学校管理活动的目的之一在于提高办学效益，包括社会效益和经济效益两个主要方面。高等学校管理效益性原则可以表述为：高等学校按照办学目标的要求，正确处理好社会效益和经济效益之间的关系，在日常管理和运行过程中树立经营学校的理念，使学校办学效益得到全面提高。在高等学校管理中，效益性原则主要体现三个方面的要求：

高等学校效益应该以办学目标的实现程度为标准来加以衡量。在管理学中，效率与效益是有区别的两个概念。其中，效率反映的是工作的数量和速度，而效益是指工作的正确性和意义。因此，高等学校管理要紧紧围绕办学目标开展，服从和服务于办学目标。如果偏离办学目标，效率越高，则效益越低，甚至产生负效益。学校资源配置、政策制订应该首先考虑有利于实现办学目标的原则，在此基础上尽可能实现效率的最大化，从而实现办学效益的最优化。

（2）高等学校管理要正确处理好社会效益和经济效益之间的关系。高等学校的社会效益体现在其社会职能方面，要由培养的人才、科学研究的成果以及社会服务的数量和质量来衡量。高等学校的经济效益体现在办学经费的增加和成本的降低方面。高等学校管理不仅考虑经济效益，但更要注重社会效益。这不仅因为学校办学经济效益难以评估，更因为高等学校是教育机构和学术机构，它对于社会进步和科学技术文化的发展所承担的责任是其他社会机构所不可替代的。所以，高等学校办学应坚持社会效益为主，在此前提下兼顾经济效益。

（3）高等学校在日常管理和运行方面要注重成本和节约意识，树立经营的理念，努力提高资源的利用率和管理效率。现代高等学校内部管理的成本和效率问题逐渐成为人们关注的一个热点问题。政府给予高等学校越来越多的投入，学生分担了越来越多的受教育成本，人们有理由知道高等学校如何使用了这些钱财，高等学校承担着向社会"说明责任"的压力。与此同时，高等学校规模越来越大，运行经费越来越高，迫使高等学校也要认真思考如何节约成本的问题。因此，在高等学校日常管理和运行的过程中，树立经营的理念，有利于节约办学成本、提高资源利用率，从而有助于提高高等学校办学效率和办学效益。

第五节 高等学校管理者

管理学家彼得·德鲁克说过："管理是一种无形的力量，这种力量是通过各级管理者体现出来的。"高等学校的管理工作，要由管理者去执行与操作，因此，高等学校管理者的素质和能力高低，对于高等学校管理的有效性，起着至关重要的作用。

一、高等学校管理者的类型与素质

（一）高等学校管理者的类型

高等学校管理者，一般来说是指高等学校的各级领导者和职能部门中的工作人员。按工作性质与任务，可分为思想政治工作管理者、教学科研管理者、教辅与后勤管理者等；按管理体制的层级划分，有校级管理者、中层（院、部、处）管理者、科（室）管理者等；按照管理工作时间投入情况划分，有专职管理者和兼职管理者（如"双肩挑"干部）等。

（二）高等学校管理者的素质

这里的素质主要是指高等学校管理者履行管理工作职责所应该具备的基本条件和基本素养。由于不同的管理体制、不同的管理岗位对管理者的素质要求有所不同，这里就我国高等学校的实际情况，对高校管理者应该具备的基本素质提出一般性要求。

我国高等学校管理者首先应该具备德才兼备的政治业务素质。关于《努力建设高素质的干部队伍》这篇文章的讲话指出，由于分工和职责不同，对干部应当有适应本职工作特点的不同的具体要求。但是，不论做什么工作，作为党的干部都要具备基本的政治业务素质。这就是，第一，要有远大的共产主义理想，坚持正确的政治方向，坚定地走建设有中国特色社会主义道路，坚决贯彻执行党的基本理论、基本路线和各项方针政策；第二，努力实践党的全心全意为人民服务的宗旨，密切联系群众，特别是工农群众，坚决维护人民群众的利益；第三，解放思想，实事求是，一切从实际出发，善于开拓前进，具有唯物辩证的思想方法和工作方法；第四，模范遵纪守法，保持清正廉洁，发扬艰苦奋斗精神，自觉拒腐防变，坚决反对消极腐败现象；第五，刻苦学习，勤奋敬业，不断加强知识积累和经验积累，具备做好本职工作的专业知识和能力。以上要求，也应该是我国高等学校管理者首先应该具备的素质。

除此之外，根据高等教育的特点，高等学校管理者还应该具有以下几方面的素质：一是热爱教育事业，坚持全面贯彻党和国家的教育方针；二是关注高等教育的发展形势，了解经济和社会发展对于教育的要求，有改革创新精神；三是有较为合理的知识结构，掌握高等教育基本理论和管理科学的有关知识，理解高等教育规律和高等学校办学规律；四是具有最基本的工作能力，包括独立工作能力、语言文字表达能力、组织协调能力、自学能力和环境适应能力等；五是能够尊重教师，理解教师，愿意为教学科研和人才培养工作服务。

需要说明的是，以上要求是就我国高等学校管理者的总体素质要求而言的。针对不同层次、不同职务、不同岗位的管理者素质的具体要求，还应该有所不同，侧重点还应有所区别。例如，对于高等学校校级领导，党中央提出了"大学校长应该成为教育家"的要求。对高等学校专职管理人员来说，应该具有较高的学历、职称和有关高等教育管理的专门知识，按管理专业化的要求提升自身素质和能力。对高等学校兼职的管理者（如"双肩挑"干部）来说，不仅需要不断学习和掌握高等教育管理的基本理论和基础知识，更要注重在管理实践中提高自身的管理能力。正如英国学者阿什比所言："成功的管理专家的技巧并没有井井有条地安排在教材之中……管理是一种未加工好的艺术，学习管理的唯一有效的办法就是进行管理。"

二、高等学校管理者的职责和任务

职责是指担任一定职务的管理者所承担相应任务的范围。职责与职务有关，不同职务的管理者有不同的职权，同样也有着不同的职责。

（一）校长职责和任务

因为我国高等学校领导体制历经数次变化，所以在高等教育发展的不同时期我国高等学校校长的职责也有所不同。《中华人民共和国高等教育法》第30条规定，高等学校自批准设立之日起取得法人资格。高等学校的校长为高等学校的法定代表人。第41条规定，高等学校的校长全面负责本学校的教学、科学研究和其他行政管理工作，行使下列职权：①拟订发展规划，制定具体规章制度和年度工作计划并组织实施；②组织教学活动、科学研究和思想品德教育；③拟订内部组织机构的设置方案，推荐副校长人选，任免内部组织机构的负责人；④聘任与解聘教师以及内部其他工作人员，对学生进行学籍管理并实施奖励或者处分；⑤拟订和执行年度经费预算方案，保护和管理校产，维护学校的合法权益；⑥高等学校章程规定的其他职权。

校长的上述职责可以概括为，对外代表学校，对内负责全面的行政工作。根据我国高等学校的具体情况，从学校管理和发展的角度出发，可以将对校长的工作要求归纳为以下六个方面：①校长要视领导和管理为一过程，抓住计划、实行、检查和总结各基本环节，使之正常运转，不断前进。②校长要视学校为一系统，抓住人、财、物等因素，使之有机结合，发挥各自的潜能。③校长要视学校为一组织，抓住各级机构和各类人员之间的关系，使之协调活动，融洽相处，调动各方面的办学积极性。④校长要视学校为社会一组成部分，抓住校内外各种联系渠道，参加校外各种与学校有关的活动，使之有利于推进学校工作，并对外产生积极作用。⑤校长要视自身为学校的领导，以身作则，使之产生一种影响力量，力争有效地实现学校的组织目标。⑥校长要视领导和管理为一种创造性劳动，抓住研究性活动，发挥创新精神，使之作用于学校各项工作，不断在革新中提高。

（二）院长（系主任）职责和任务

由于我国不同层次、不同类型高等学校发展水平和管理模式存在差异，以及各高校基层组织领导体制不同，因而不同高校的学院院长或系主任的工作职责也存在着一定的差异。现辑录某所大学网站公布的某学院院长工作职责供参考：①在校长、副校长的领导下，主持学院教学、科研、人事、师资培养、实验室（资料室）建设和后勤保障工作，完成上级和学校下达的科研任务。②主持审定教学、科研、学科建设、师资培养、研究生培养、实验室建设、国内外学术交流等工作计划，就全院的发展规划、专业方向、教学改革、管理改革、经费的收入及分配等问题组织进行调查研究并提出意见，报学校批准后组织实施。③组织教学、科研、行政人员进行业务培训和考核，关心教学梯队、学术梯队的建立、出国人员的培养和合理使用，对教职工聘任、使用、调动、专业技术职务的评定和聘任、奖惩等决定提出建议。④主持召开院会议或党政办公会议，研究处理院内重大问题。主持实施全院工作计划，协调和督促副院长、办公室主任、系和教研室主任开展工作，通过各种渠道了解教学、科研任务的贯彻执行情况，及时采取措施，保证教学、科研等任务的完成。⑤主持全院学术交流活动，组织审查重大科研项目及鉴定研究成果，核实完成人员及审定分配问题。审核重点课程的教材，负责国内外学术活动。⑥在完成本院教学、科研任务的前提下，挖掘潜力，组织和统筹管理全院科技、教育咨询服务活动。⑦结合教学、科研做好本院教职工的思想政治工作，做好招生、毕业生就业和抓好班主任工作，关心学生德智体全面发展，组织教师开展"教书育人"活动。⑧完成校长、副校长和上级部门下达的其他任务。

三、高等学校管理者的工作准则

E. 普里恩斯和 L. 韦尔伯在《高等学校行政管理的若干思想》一书中，针对美国高等学校行政管理人员提出了实行有效管理的若干准则。这些准则对我国高等学校管理者尤其是中高层管理者更好地开展管理工作同样具有借鉴意义。

（1）清楚地、有说服力地、经常地向教师、学生、董事会成员、校友、工作人员、资助人及各种类型的公共服务机构宣传高校的目标与理想。大学的目标和主要规划应当为所有学术团体与部门所明了、通晓。大学需要这样善于鼓动人心与传递信息的领导不断地指出学校的目标、前途、方向。即管理者要清晰地了解高等教育的目标和他们所在大学的特定目标，并善于向社会和组织内部成员宣传高校的目标与理想。

（2）学校的一些重大决定，必须首先通报学校的教师、学生及职员。尽管他们可能一直适当地参与这一过程，但这种通报仍然是重要的。否则，当他们间接地获得这方面的信息时，会产生学校把他们当作外人的感觉。即管理者要及时、正式向高校内部成员通报重要事项，以争取他们的理解和支持。

（3）讨论某一问题时，有权首先作决定的人应该是与问题关系最大的人，应该由与问题关系最大的人首先行动，决策者最后予以裁决。所作出的决策离开有直接关系的人越远，就越是有害于士气。因此，行政管理人员特别需要培养和鼓励人们的责任心和教师自己作决定的习惯。

（4）教师是高等院校的主人，而不是雇员。如果误解了高等院校中教师的基本特性和作用，就会威胁高等院校的整个概念与作用。高等院校与企业、政府机构有根本不同，高校中的教师和学者是学校的主人，并非雇主叫他干什么他就必须干什么的雇工。在高等学校中，教师是管理者所管理的组织中负有一定责任的成员，教师组织具有的自治权是高校特征与进展的关键。卓有成效的行政管理人员应该理解这个原则，按照这个原则办事，勤奋地帮助学术团体中的成员去理解这个原则。

（5）行政管理人员必须保护、激励、培育学术自由。任何时候只要可能，就应该将学术自由作为高等院校的质量标准。一位优秀的管理者必须为培育和保护学术自由而站岗，警惕来自任何方面可能损害学术自由的因素。他还需要帮助教师和学生团体正确地理解自由的有限性，应该引导他们理解必要的自我约束对于争取可能的学术自由的重要性。

（6）行政管理部门是有意义、有权力、有声望的机构，但是不能把行政机构与暂时在此单位工作的人混淆起来。目前，管理办公室工作的人认为，甚至在行动上也流露出：他们自己就是行政管理单位。高等院校的管理者应该采取小心谨慎的办法区分办公室与在那些岗位上工作的人的关系。办公室可能是神圣的，而个人不是如此。在高等学校中，不论你的地位有多高，你与大家都是平等的。

四、我国高等学校的职员制

《中华人民共和国高等教育法》第41条规定，高等学校的管理人员实行教育职员制度。高等学校职员是指在高等学校专门从事管理和服务工作的人员。高校职员制度是依法专门为高校职员设计的人事管理制度，包括职员职级设计、岗位设置、聘任、考核与培训、待遇等内容。

（一）我国高等学校职员制的职级设计

根据《教育法》和《中华人民共和国高等教育法》的有关规定，1999年12月教育部人事司制订发布了《高等学校职员制度暂行规定（征求意见稿）》。《暂行规定》共有八章共四十条，对我国高等学校实施职员制度提出了初步的指导性意见。

《高等学校职员制度暂行规定（征求意见稿）》明确界定了高等学校职员的范围，指出"高等学校职员是指在高等学校从事管理和服务工作的人员"。根据所从事管理岗位层次、类别和职员专业水平、工作能力，《暂行规定》提出将高等学校职员职级分为三个职等和十个职级。其中一、二、三、四、五级为高级职员，六、七、八级为中级职员，九、十级为初级职员。高级职员的基本职责是：主持或者分管高等学校校级或者院（系、所）、处（部门）级单位管理工作，或者专职从事高层次的专门性管理工作；负责拟定本职管理工作中重要的公文或者文稿；指导中、初级职员工作。中级职员的基本职责是：主持或者分管院（系、所）、处（部门）级及其以下基层单位的管理工作，或者独立承担某一方面的专门性管理工作；独立起草本职管理工作中重要的公文或者文稿；指导初级职员工作。初级职员的基本职责是：承办具体的行政事务工作，起草本职管理工作中一般性公文或者文稿。

《暂行规定》对各级职员任职的基本条件作了明确的规定，即高等学校职员必须贯彻执行党的路线、方针、政策，熟悉高等教育法规、政策，遵纪守法，维护学校的安全、荣誉、利益和知识产权，恪守职业道德，热爱本职工作，办事公正，作风正派，廉洁奉公，身体健康，能坚持正常工作。在满足这一基本条件的前提下，初级职员还应该具备以下条件：了解本职工作的范围、任务和特点，胜任本职工作；基本掌握履行岗位职责所需的理论知识和技能方法；具有初步的分析、解决问题的能力；具有一定的文字、口头表达能力；本科高等学校要求具有大学本科毕业及其以上学历，高等专科学校要求具有大学专科毕业及其以上学历。中级职员应该熟悉本职工作的范围、任务、特点，具有独立解决本职工作中实际问题的能力；熟练掌握履行岗位职责所需的理论知识和技能方法；具有一定的政策理论水平、业务研究能力和组织能力，有较好的文字、口头表达能力，能够独立撰写重要的公文、文稿和有一定水平的管理方面论文；具有指导初级职员工作的能力；具有大学本科毕业及其以上学历。高级职员应该能够系统掌握履行岗位职责所需的理论知识和技能方法，具有较高的政策理论水平和组织能力，具有较强的解决本职工作中实际问题的能力；有较强的文字、口头表达能力和研究能力，能够撰写重要的工作规划、方案、文件和较高水平的研究报告、工作总结，独立发表过有较高水平的管理研究论文、论著；具有指导中、初级职员工作的能力；具有大学本科毕业及其以上学历。此外，《暂行规定》还对高等学校职员的岗位设置、聘任（解聘与辞聘）、考核与培训、待遇等若干方面作了具体规定。

（二）我国高等学校职员制的试行

高等学校职员制是《高等教育法》的法律规定，符合我国事业单位人事制度改革的方向，但如何建立高校职员制度却是一项前所未有、亟待探索的制度创新工作。中组部、人事部、教育部在《关于深化高等学校人事制度改革的实施意见》中，明确了"先在部分高等学校进行试点，在取得经验、完善办法后逐步推开"的工作要求。根据这一要求，从2000年开始，教育部选择部分高校进行教育职员改革试点工作。实行高等学校职员制度改革的目的是通过制度创新来加强高等学校管理队伍建设，提高高等学校管理水平，推动高等教育事业得到更好的发展。高校职员制改革总的方向是：淡化高校的行政色彩，纠正高校管理干部行政化、业余化的倾向，探索高校管理队伍的专业化、职业化道路。首轮试点院校的经验表明，实施职员制度有助于增强高校管理队伍的竞争意识、服务意识、责任意识，优化管理队伍结构，提高管理人员的整体素质，推进高等学校管理者专业化建设，从而提高高等学校的管理水平和服务质量。各试点院校通过职员制度改革，已初步建立了一套适应高校管理工作特点的科学、合理的人事管理制度和运行机制，通过实行"按需设岗，公开招聘，平等竞争，择优聘任，严格考核，聘约管理"，进一步转换高等学校用人制度，形成竞争激励机制。通过建立制度化、有序化的职务晋升机制，拓宽了管理人员的发展道路，使职员对个人的发展可以有一个良好的预期。通过兑现职员职务工资和津贴，改变了管理人员待遇偏低的现象，体现了以岗定薪、按劳分配、优绩优酬的原则，有效地调动了管理人员的积极性，提高了管理水平和服务质量。可以预期，在总结首批试点院校经验的基础上，职员制在我国高等学校将会普遍予以实施。

第四章 现代高等学校的教育与教学管理

高等学校的教育与教学管理，是指高等学校为实现教育教学目标或达到教育标准，在一定的环境下，根据一定的原则和方法，通过建立教育教学质量管理体系，对教育教学活动进行计划、组织、领导和控制的过程。本书把教育教学管理放在一起进行讨论，提倡教育教学一体化管理，其理由有二：一是教育教学本来就是一个有机的整体，教育中有教学，教学中有教育，二者不可分割；二是管理的目的只有一个，那就是为学生的全面而和谐的发展提供一个良好健康的、动态适宜的环境，而教育教学环境同样也应是和谐统一的整体，而不应该是一个拆开了的、相互独立的环境。

第一节 教育教学管理的地位与依据

在整个高等学校教育管理中，明确各个管理阶段和管理层面的轻重和地位十分重要，弄清"纲"和"目"，才能知道如何"纲举目张"。教育教学管理的依据，既是教育教学管理工作的出发点，又是实施管理的根据，是贯穿于整个教育教学管理工作之中，牵动各项管理活动的魂。找准位置，明确依据，在管理活动中才能做到有理、有据、有节、有效。

一、教育教学管理的地位

教育教学管理的地位，是指教育教学管理工作在整个高等学校教育管理中所处的位置，即其功能和作用及其重要程度。高等学校在管理工作中，涉及的内容很多，包括对人力、财力、物力、事情、时间、空间、信息等的管理。为了管理的方便和职、责、权、利的清晰，通常把高等教育管理从横向和纵向上划分成若干个既相互独立又相互联系的部分和层次。如从横向上划分为组织管理、教育教学管理、科研管理、人事管理、财力和物力管理等；从纵向上划分为校级层面的管理，院（系）层面的管理以及系（教研室）级层面上的管理等。但无论是哪一级或是哪一层次的管理，其目的只有一个，那就是为教育教学创造良好健康的、动态适宜的环境，使学生在这样的环境之中自由地吸取知识、培养能力、陶冶情操和发展个性。学校和教育工作者通过管理活动来实现教育教学目标，从而达到教育标准。从管理角度来看，在整个高等学校教育管理中，学校的一切管理活动都是围绕着教育教学活动的开展而进行的。可见，教育教学管理处于整个高等学校教育管理的核心地位，是最重要的一个环节。

教育教学管理工作是高等学校管理的核心，这是学校教育的性质所决定的。首先，"学校是有计划、有组织地进行教育的机构，是开展教育活动的主要场所"。学校是开展教育活动的场所，自然教育教学管理是学校各项管理工的核心。其次，学校主要由三个方面的因素构成：学校环境（包括一切软、硬环境）、教育工作者（教师、教辅工作者等）和学生。学校环境、教育工作者和学生三者的关系是：学校环境是教育活动得以实现的条件，是学生发展与成长的场所；教育工作者是环境和条件的养育者，是学生成长与发展的指导者；学生是发展与成长的主体，是环境、条件接受者和使用者。可见学校的中心就是学生，一切工作都要围绕着学生进行。培养学生是学校的任务，而教育教学是培养学生的途径，因而对教育教学的管理自然是学校管理的核心工作。即教育教学是学校的中心工作，其他工作的开展都是为了确保中心工作的有效实施。在学校教育工作中，教育教学最重要；在学校管理工作中，教育教学管理最重要，这样说是有道理的。教育教学管理是为了确保学校的教育教学服务功能的实现，其他各项管理工作实现的是服务保障功能。可见，在管理工作中，找准位置是实现高等学校教育功能的保证。因此，在实际的高等学校管理工作中，既要避免出现管理重心错位，特别是后勤服务保障系统保障不到位的现象，更要避免发生管理本末倒置现象。

二、教育教学管理的依据

教育教学管理活动以什么为依据？这是必须回答的问题，因为这是教育教学管理活动的根基和出发点。本书认为，教育教学管理的依据有下述八点。

（一）教育本质

"教育本质就是根据一定社会的需要，所进行的培养人的活动，或者说是培养人的过程。""关于教育的本质内涵，在中外教育史上，许多人作过表述。尽管他们各自的表述反映着不同时代、不同阶级的要求，但都集中在一个基本点上，那就是把教育看作是培养人的活动，看作是感化、引导、启发人的活动，看作是'传道、授业、解惑'的过程，目的则在于使受教育者的身心得到发展，在知识、品格等方面都能适应社会的需要。"对教育本质的认识，是教育教学管理活动的原动力。

（二）教育规律

教育规律是指教育发展过程中存在的内在的、本质的、必然的联系。"是指那些对教育发展起着本质作用的并且始终起作用的东西，所谓的教育规律是客观存在的，不以人的意志为转移。最基本的教育规律包括：教育受一定社会条件（政治、经济、文化等）的制约并反过来对社会的发展产生影响；教育受教育对象身心发展水平的制约并反过来影响教育对象身心的发展。"可见，尊重教育规律是实施教育教学管理活动的前提。

（三）管理理论

管理理论是管理活动的经验总结，是学校教育教学管理的理论基础。教育管理职能论、教育管理系统论、教育管理组织论、教育管理领导论、教育管理决策论、教育管理激励论、教育管理沟通论、教育管理控制论等以及公共关系学等都是教育教学管理的理论依据。这里要强调的是"全面质量管理理论"，特别是威廉·爱德华·戴明的PDCA管理模式，我们应该在教育教学管理中多加借鉴。

（四）法律法规

"教育法律是指反映统治阶级意志的，由国家制定或认可并以国家强制力保证实施的调整教育社会关系的行为规则的总称。通常表现为法律、条例、规章等。"我国的教育领域，由一个基本法《中华人民共和国教育法》，若干个部门法《中华人民共和国义务教育法》《中华人民共和国教师法》《中华人民共和国职业教育法》《中华人民共和国高等教育法》以及《公民道德建设实施纲要》《关于进一步加强和改进大学生思想政治教育的意见》《普通高等学校学生管理规定》等数十个行政法规以及大量的部门规章、地方法规组成了相对独立的比较完善的一套教育法规体系。这些法律、条例、规章以及即时出台的一些文件政策，都是教育活动必须严格遵守的。

（五）教育方针

教育方针是国家在一定的历史时期，根据社会政治、经济发展的需要，通过一定的立法程序，为教育事业确立的总的工作方向和奋斗目标，是教育政策的总概括。它遵循一定的教育原理，依据教育发展的客观规律，是教育教学管理活动的总的指导思想。

（六）教学计划

教学计划是学校人才培养和组织教学的主要依据。高等学校的教学计划是按专业制定的，它规定了专业培养目标、课程设置、教育教学环节、学时安排以及学分分配等内容。毫无疑问，它是教育教学管理的重要依据。

（七）管理制度

管理制度是指学校在管理工作中制定并通过行政工作会议确定的一系列管理文件、规定和办法，是高等学校教育管理的指导性文件。管理制度若纳入高等学校教育质量管理体系，就会大大提高管理制度的效能。

（八）教育标准

教育标准是由国家的公认机构制定并由国家标准权威管理部门批准的文件，它对教育活动和过程及其结果规定了规则、导则和要达到的特定指标，供学校教育机构遵守和反复使用，以确保教育活动最佳秩序和效果的实现，同时也是教育应达到的各项指标的衡量尺度。可见，教育标准是教育教学管理的重要依据。标准是标准化活动的成果，也是标准化系统的最基本要素和标准化学科中最基本的概念。我国已开始认识到标准化以及标准制定的重要性，已开始了标准的制定工作。目前国家有关部门正在着手制定教师教育系列标准。

第二节　教育教学管理的理念与原则

管理理念是指导教育教学管理工作的航向标，是教育教学管理的灵魂；管理原则是教育教学管理应该遵守的基本准则和基本规范。我们说，教育教学管理的理念与原则都是方向性的，把握不好就会犯教育教学管理的方向性和路线性错误。

一、教育教学管理的理念

教育教学理念是教育教学管理的魂，那么何谓教育教学管理理念呢？考察教育教学管理理念的首先从什么是"理念"入手。《新现代汉语词典》将"理念"注解为"观念"，如民主理念、人道理念、经营理念；《辞海》将"理念"的解释等同于"观念"，即"看法和思想"；《汉语大词典》则把"理念"解释为"理性概念"。杨寅平认为，"理念是人们对某一事物或现象的理性认识、理想追求及其所形成的观念体系"。那么什么是教育理念呢？本书认为教育理念就是人们对整个教育（包括学校教育、家庭教育和社会教育）和教育现象的理性认识、理想追求及其所形成的观念体系。它应包含四个方面的意义：对教育的理性认识；对教育的理想追求；对教育的思想观念；对教育的哲学观点。可见教育理念是人们经过长期的理性思考和实践所形成的思想观念、精神向往、理想追求或哲学信仰的抽象概括，是指引人们从事教育理论探究和教育实践的纲领和航向标。教育理论探究、教育实践、教育改革等教育活动的进行都必须在正确的教育理念指导之下进行。否则，非但不能取得成效，反而还会给教育事业造成损失，会贻害一代，甚至几代人。

所谓教育理念，其核心是教育的出发点问题。关于教育的出发点人们认识不同，主要有两种观点。一种观点认为，"教育的出发点是一定的社会生产，是一定的社会关系，是社会生活的需要，而不是抽象的人或什么人的自身需要。人不是教育的出发点，这是马克思主义的科学结论"。另一种观点认为,"教育最理想的价值就是使人幸福,而人是目的,不是手段。所以,教育的目的是不能培养什么劳动者、建设者的。如果这样把人看作是手段,那就根本上违背了教育的理想价值"。两种不同的观点,代表着两种不同的教育理念,当然在指导具体的教育实践中必然会带来不同的结果。

关于学校教育的出发点问题,实际上也是学校教育的目的问题,这是从价值观的角度来考察教育。关于学校的教育目的,有着不同的观点和认识。克里夫·贝克认为,"因为教育的目的在于增进人类的幸福,因为教育即生活的准备,也因为教育在目前越来越多地占据了青年人的生活,所以学校的目的应该囊括更为广泛的人类所关注的事物,它们应该反映普通生活的重要方面。因为教育发生在人们生活的前期而不是后期,所以应该强调为将来的生活作准备。但也必须强调现在,因为学生不仅应该拥有将来的幸福,也应该拥有现在的幸福,而且也因为他们现在的经验对将来的作为具有重大的影响"。克里夫·贝克的观点,对我们如何来认识学校教育的目的很有启示。

国际21世纪教育委员会1996年发表的《教育:财富蕴藏其中》的报告里指出:"教育不仅仅是为了给经济界提供人才,它不是把人作为经济工具,而是作为发展的目的加以对待的。使每个人的潜在才干和能力得到充分发展,这既符合教育的人道主义的使命,又符合应成为任何教育政策指导原则的公正的需要,也符合既尊重人文环境和自然环境,又尊重传统和文化多样性的内源发展的真正需要。"联合国教科文组织国际教育发展委员会认为,通过教育"我们要学会生活,学会如何去学习,这样便可以终身吸收新的知识;要学会自由地和批判地思考;学会热爱世界并使这个世界更有人情味;学会在创造过程中并通过创造性工作促进发展"。《教育:财富蕴藏其中》提出面对社会的发展,现代教育的四个支柱:"学会认知,学会做事,学会共同生活,学会生存"。看来所持的教育理念不同,对学校教育的认识也就不一样。

那么教育教学管理的理念又是什么呢?教育教学管理理念就是人们对整个教育教学管理工作和教育教学现象的理性认识,对教育教学管理的理想追求及其所形成的观念体系,是在教育理念基础上形成的如何进行教育教学管理的一种观念体系。这种观念体系影响、控制着教育教学管理者的思想和教育教学实践活动。从管理角色的界定、管理方式方法的选择、管理途径的认识、管理结果的评价到管理模式和管理体系的采用等,这些都要受到教育教学管理理念的左右和影响。毋庸置疑,确立科学而合理的教育教学管理理念尤为重要。

确立一个什么样的教育教学管理理念才为科学而合理呢?我们认为,学校教育教学管理既要考虑社会需要,又要考虑人的需要和发展;既要考虑人的现在,又要关注人的将来;既要从社会的需要出发,为经济建设培养人才,又要强化教育的整体功能,实现人的和谐与全面发展。因此,科学而合理的教育教学管理理念应该具备下述特征:

（一）追求教育的整体价值

从教育的整体功能出发来实施管理，强调实现教育的整体功能，而不是片面地强调教育的经济促进功能。

（二）体现以学生为本的思想

在教育教学管理中，既要关注学生的现在，又要关注学生的将来，实施人性化的管理。

（三）体现和谐发展的思想

教育教学管理是手段，其目的是为教育教学工作的有效实施创造良好的环境和适宜的条件，使学生能够全面而和谐地发展。

（四）充分体现服务的思想

教育教学管理说到底就是要为学生创设一个良好的、动态适宜的、有利于学生健康成长与发展的教育教学环境和条件（包括物质条件和心理条件，物质环境和心理环境），从而满足学生身心的发展和知识能力等各方面素质发展的要求。总之，教育教学管理的理念先进与否，是教育教学管理工作的灵魂和路线，是教育教学成功与否的关键，会影响人才培养规格的实现。可见，确立一个较为科学、合理的教育教学管理理念尤为重要。

二、教育教学管理的原则

"管理原则是管理主体在管理活动中观察问题、处理问题的准绳，或者说是管理主体在管理活动中坚持的价值观念，它也是管理思想的重要组成部分。"教育教学管理原则是在教育和教学活动中，主体（教师和其他教育工作者）坚持的价值观念，是在教育教学管理活动中应该遵循的行动准则和基本要求。本书认为，管理者在教育教学管理活动中应遵循如下基本原则：

（一）目标效益原则

目标效益原则是指学校的教育教学管理必须坚持健康、正确、科学的办学方向，确立科学的人才培养目标；围绕人才培养目标实现对人、财、物、信息、时间等资源的最佳配置，从而获得最佳教育教学管理效益。目标效益原则要求我们首先在教育教学中必须坚持社会主义办学方向，弘扬积极、健康、向上和先进的文化，弘扬社会主旋律；其次，必须坚持社会主义的人才培养目标，培养具有中华民族文化底蕴的、全面发展的人类文明的推动者，培养社会主义和谐社会的建设者。还有，要合理、有效地配置和使用人、财、物、信息、时间等资源，使其发挥最大效益；要处理好近期效益和长期效益的关系，要重视长期的社会效益。学校的教育教学管理的最佳效益就是为学生的成长与发展多、快、好、省地提供最优质的服务。

（二）和谐发展原则

和谐发展原则是指在教育教学管理工作中，将各项管理要素和管理指标统筹考虑、仔细权衡，以达到教育教学管理的匀称而互补、生态而和谐的效果。和谐发展原则包括四个方面的内容：一是要从大教育的角度出发追求和谐的教育目标。教育教学管理要尊重教育本质及其规律，尊重人的本质及其成长规律，统筹规划，确定科学合理的教育目标。二是要追求教育整体功能的和谐发展。教育教学管理要统筹兼顾教育的所有功能，不能片面地追求教育的经济促进功能，同时要有教育全球化的意识。三是要追求教育与教学的和谐发展。教育教学本身就是一个有机的整体，为了研究的目的才把二者分开的，只有意识到这一点，才不会把教育与教学对立起来，把"德育"和"智育"对立起来。四是要追求学生素质的全面和谐发展。一个人只有知识、能力、身体素质、心理素质等得到全面而协调的发展，才是一个完整的人。追求学生素质的全面和谐发展既应该是教育的目的，也应该是学校教育的归宿。

（三）关注学生原则

关注学生原则是指在教育教学管理工作中一切以满足学生发展为目的。本书认为，关注学生原则定向直接、明了，具有很强的可操作性。"关注学生原则"源于ISO9000质量管理体系标准的"以顾客为关注焦点"原则。"组织依存于顾客，因此，组织应理解顾客当前和未来的需求，满足顾客要求并争取超越顾客期望。""以顾客为关注焦点"即判断产品质量的唯一标准就是让顾客满意。"那么，高等学校的顾客是谁呢？我们说，就学校内部讲，高等学校的'顾客'就是学生；就学校外部讲，高等学校的'顾客'就是社会（包括家长、政府、用人单位等）。"关注学生原则，就是要求我们把学生视为"顾客"。"学生缴费上学即是在买由学校教师提供的教育服务，学生不仅是受教育者，也是高等教育的投资者，他们有资格、有权力对学校的服务质量提出要求、做出选择。"关注学生原则充分体现了"以人为本"的管理理念。

（四）联系实际原则

联系实际原则也称理论联系实际原则。联系实际原则这里有两个含义：一是要理论同实际相结合；二是要从实际出发，具体情况具体分析。这一原则要求高等学校在教育教学管理工作中，一方面要用科学的管理理论指导教育教学的管理工作，在解决具体问题时，不能主观臆断，随意"拍脑袋"下结论；另一方面，在教育教学管理工作中，要从学校的实际出发，从学生的实际出发，从学生的个体差异出发，从教育教学的具体情景出发，做好广泛的调查研究，做到具体问题具体分析，不能同社会实践相脱节，犯教条主义的错误。联系实际原则，为高等学校教育教学管理工作提供了解决和处理问题的方法论。

（五）全员参与原则

"全员参与原则"是指"各级人员都是组织之本，只有他们的充分参与，才能使他们的才干为组织带来收益"。全员参与是教育教学管理成功的必要条件。高等学校教育教学管理的最终目的是为实现培养全面发展的人才目标。首先，如何创设一个良好的、有利于学生健康成长与发展的环境和条件，以满足学生身心的发展和知识能力等各方面素质发展的要求，把学生培养成长为全面发展的人才，成为人类文明的推动者，没有广大教职员工的协作劳动是不行的。列宁说："管理的基本原则是一定的人对所管的一定工作完全负责，只有明确责任，才能促使高度的责任心和积极性，才能保证更合理地利用人力、物力，才便于检查工作，改进工作，实行赏罚。"只有充分发挥广大教职员工的主人翁意识，发挥他们的聪明才智，创造一个宽松的环境，加强内部沟通，让每个教职员工了解自身贡献的重要性及其在组织中的角色位置，才能实现高等学校教育教学管理目标。其次，教育教学管理活动没有学生的充分参与也是不行的，学生是成长与发展的主体，是管理活动结果的享用者，学生的积极主动参与才能确保教育教学管理活动的成功和实效。

（六）过程方法原则

"过程方法原则"是指"将活动和相关的资源作为过程进行管理，可以更高效地得到期望的结果"。我们知道，一切产品都是过程的结果，过程控制得好，产品质量就高；反之，产品质量就低。"过程方法"可以这样理解，首先，系统地识别和管理组织所应用的过程，特别是这些过程之间的相互作用，也就是识别教育教学管理所需过程并且确定过程的顺序和相互关系。其次，对各个过程加以管理，也就是要控制各个过程的要素，包括输入、输出和资源配置等。采用过程方法，能对诸过程组成的系统中单个过程之间的联系以及过程的组合和相互作用进行连续的控制。高等学校教育教学管理采用过程方法，首先，须识别教育教学管理需要控制的过程，并且确定过程的先后顺序和相互关系与作用。其次，按照过程方法，对一切影响教育教学管理质量的环节、部门进行识别并策划控制过程的方法。学校各相关教育教学管理部门的主要负责人都要根据本部门的职责来识别本部门的"过程"，并对各个环节实施过程控制。有些环节可编制作业指导书加以控制。要通过PDCA（计划、执行、检查、处理）的循环和对过程予以监视、测量，不断改进教育教学管理质量。

（七）系统方法原则

"管理的系统方法原则"是指："将相互关联的过程作为系统加以识别、理解和管理，有助于组织提高实现目标的有效性和效率。"运用系统工程理论的方法对过程实施系统管理，不仅能促使目标的实现，而且由于各个过程的协调运作，还可以减少资源的浪费。"管理的系统方法"和"过程方法"都是质量管理的非常重要的原则。"过程方法"

对象是单个过程及其包括的若干活动;"管理的系统方法"的对象则是整个系统(体系),包括若干个过程及网络。"过程方法"的目的是达到过程目标;而"管理的系统方法"则是提高组织实现总目标的有效性和效率。"过程方法"的管理要点在于系统地识别和确定所需过程和活动,明确管理职责和权限,分析和测量关键活动的能力,识别与过程相关的接口,改进过程的影响因素;而"管理的系统方法"则是建立质量管理体系以实现组织目标,制定组织的总目标和各职能过程的分目标,优化职能、明确职责、减少或消除职责和职能的交叉,识别体系内过程的相互关系,评估组织的能力并通过测量和评估来持续改进体系功能。在教育教学管理中,要了解学校体系内各个过程之间的相互依赖关系,建立一个有效系统(体系)并以最有效的方法实现教育教学的质量目标,通过对教育教学的各个环节过程组成的整个体系的测量和评估,持续改进体系,从而完成一个个的人才培养目标。

(八)动态开放原则

动态开放原则是指,在教育教学管理工作中,在严格按质量管理体系运行,坚持原则以确保管理的秩序和相对稳定性的前提下,紧密结合不断变化的情况,适时调整管理策略,因地制宜,因势利导,采取灵活的管理方式。在教育教学管理中,各种管理要素不是一成不变的,它们都时刻处在不断的变化、发展之中。处理非确定因素、偶然事件、突发事件,需要有一个良好的应激心理和灵活的处理方略。动态开放原则能有效避免教条主义和僵化的管理方式,使管理工作刚柔适度、灵活有序。在教育教学管理工作中坚持动态开放原则,是确保组织勃勃生机和管理工作活泼有序的先决条件。动态开放原则是根据"权变理论"和"全面质量管理理论"提出的,具有坚实的理论基础。实际上,一方面动态开放原则也是任何一种优秀的质量管理体系的内在品格;另一方面,动态开放原则还包括用发展的眼光看待管理理论,这不仅是学科发展的客观规律所需,更是丰富多彩的高等教育管理现实使然。

(九)全面管理原则

全面管理原则是根据全面质量管理理论提出的,按国际标准化组织(ISO)的界说,全面质量管理是指,"一个组织以质量为中心,以全员参与为基础而达到长期成功的管路途径,其目的在于让顾客满意和本组织所有成员及社会受益"。全面管理原则认为,在教育教学管理过程中,要以学生为关注焦点,实施以预防为主,全体人员参与的全过程管理,并持续改进管理过程和组织功能,提供最优质的教育教学服务来最大限度地满足学生各方面素质发展的要求。"以学生为关注焦点",即以学生为本;"预防为主",即采取切实可行的和有效的预防措施把可能出现的问题消灭在"过程之中",消灭在萌芽状态;"全体人员参与",即全体有关教育工作者、全体学生,甚至家长和社会的参与;"全过程管理",即把教育教学管理侧重点放在对"过程"的控制上,遵循"戴明环"

（又称 PDCA 模式）进行；"持续改进"是"增强满足要求的能力的循环活动"，是不断发现问题、解决问题的循环活动；提供最优质的教育教学服务来最大限度地满足学生各方面素质发展的要求，即把教育视为一种"服务"，把满足学生要求看作是最终目标。全面管理原则带来了教育教学管理的全新视角和科学的理念。

（十）持续改进原则

"持续改进原则"是指在教育教学管理中，要持续改进教育教学管理质量。从教育服务过程到教育服务质量，从教育教学管理方法到教育教学质量管理体系都应得到持续不断的改进与完善，不断地完善，永无止境。持续改进总体业绩应当是组织的一个永恒的目标，"持续改进"是"增强满足要求的能力的循环活动"，是组织发展、增强竞争能力并取得成功的重要条件。"持续改进"的目的是使学生更满意，方式可以是渐进式的，也可以是突破性的。高等学校建立教育教学质量管理体系，保持质量管理体系的过程，这本身就是高等学校管理的持续改进过程。高等学校为改进其整体教育教学质量，就应不断改进质量管理体系，使其永葆青春活力，以满足学生和社会日益增长和不断变化的需要。学校教育教学质量体系文件要根据变化了的情况及时地进行调整、修订、补充和完善，以便有效地指导质量管理体系高效运行。坚持持续改进，学校才会有发展后劲，才会办得越来越好，才能最大限度地、持续不断地满足学生成长与发展的需要和社会的需求。

第三节 教育教学管理的机构与要素

高等学校教育教学管理的机构，是高等学校组织管理体系的一部分，是教育教学管理的执行部门；管理要素，是构成管理系统的成分。研究教育教学管理，从事教育教学管理活动，在了解教育教学管理的理念与原则之后，首要的问题是要明确教育教学管理的机构与要素。

一、教育教学管理机构

机构，原义指机械的内部构造或机械内部的一个单元，泛指机关、团体或其他工作单位或其内部组织。教育教学管理机构是指，在主管校长（或院长）或校长教务委员会直接领导下承担学校教育教学管理工作的办事部门。其主要任务是组织、指挥、督促、评估学校的教育教学工作。教育教学管理机构是教育教学管理活动的具体的职能部门，教育教学管理机构设置的合理与否，决定着教育教学管理活动的质量、效率，乃至成功与失败。

高等学校教育教学工作的正常和有效进行，在很大程度上取决于机构设置的合理性。高等学校教育教学管理机构的设置，应本着精简干练、层次适当、分级管理、分工协作、沟通顺畅、切合实际的原则。高等学校教育教学机构的设置一般采用直线式（单线式），或职能式（多线式）结构。本书认为，高等学校教育教学管理机构采用职能式（多线式）为好。这是因为，职能式（多线式）结构至少有四大优点：①可提高决策的民主性；②可充分发挥职能部门的作用；③有利于整体功能的发挥；④便于分级管理层层负责。

在高等学校行政管理体制上，我国实行的是"党委领导下的校长负责制"。1990年中共中央12号文件提出高等学校实行党委领导下的校长负责制，1999年1月1日国家制定并实施了《中共人民共和国高等教育法》，以法律的形式明确了高等学校内部领导体制形式。《高等教育法》第四章第三十九条规定："国家举办的高等学校实行中国共产党高等学校基层委员会领导下的校长负责制。中国共产党高等学校基层委员会按照中国共产党和有关规定，统一领导学校工作，支持校长独立负责地行使职权，其领导职责主要是：执行中国共产党的路线、方针、政策，坚持社会主义办学方向，领导学校的思想政治工作和德育工作，讨论决定学校内部组织机构的设置和内部组织机构负责人的人选，讨论决定学校的改革、发展和基本管理制度等重大事项，保证以培养人才为中心的各项任务的完成。"《高等教育法》的通过与实施，从法律的角度确立了高等学校党委在学校中的核心地位，从而保证了以培养人才为中心的各项任务的完成，保证了党的路线、方针的贯彻执行。与此同时也明确了校长的行政领导地位。党委领导下的校长负责制，是校长受国家委托，在党委的领导下和教职工民主参与下管理学校，对学校的行政工作全面负责的一种领导制度。行政管理是我国高等学校建设与发展的保证。同高等学校行政管理体制一样，高等学校教育教学管理机构的设置同样也要遵循这一先决条件。本书认为，当前我国的"高等学校教育教学管理组织机构"的设置，既要充分体现党委的一元化领导，又要坚持校长充分行使行政权力。

二、教育教学管理的要素

"要素"概念源于系统论。纵观系统思想的产生和发展，可以说，严格意义上的系统科学诞生于20世纪40年代，这是与科学技术的发展分不开的。将系统理论应用于教育管理有许多途径：一是根据系统理论的观点，把学校作为一个社会系统来分析；二是把教育管理描述成社会系统内的社会过程；三是把系统分析的方法作为具体的技术或策略，直接运用于教育管理活动。系统是由要素组成的，要想认识教育教学管理系统，就要了解教育教学管理系统的各个要素。教育教学管理要素是指教育教学管理系统的基本元素或基本单元。

(一) 管理者与被管理者

教育教学管理者是指，在教育教学活动中，具有一定管理素质、管理能力并承担着一定管理职责的人，是管理活动中起指导作用的主体。它回答"谁来管"的问题。其主要作用是：通过自己的职位和能力，有效地影响和改变特定组织的行为方向、方式和程度，以取得预期的管理效果。按管理层次分，有校、院、系（处）、科（室）管理者；按工作性质分，有思想政治工作管理者、行政事务工作管理者、学术研究工作管理者；按工作责、权分，有决策指挥管理者、咨询参谋管理者、执行协调管理者、具体事务管理者。本书认为，按类别来分，教育教学管理者由三类人员组成：一是教育行政管理者（教育、教务行政人员）；二是教育教学人员（各科教师、辅导员）；三是全体学生（要树立教育服务的观点，在教育教学管理活动中，学生更主要地表现为"管理主体"，而不是"管理客体"）。

被管理者是指"学校管理系统中，处于被上一级管理者领导和支配地位，并承担着一定工作任务的人"。这里要说明的是，"人"同我们通常所说的"管理对象"与其他管理对象有着质的不同。在学校管理活动中，"人"作为"管理对象"只是被领导的关系，而不是被管理的关系。这是因为：首先，从管理对象来看，被管理者是管理内容和管理资源，即对人力、财力、物力、事情、时间、空间、信息等资源的有效配置、合理使用，使其发挥最大效益；从管理的目的来看，学校教育教学管理的目的只有一个，那就是创设一个良好的、有利于学生健康成长与发展的环境，以满足学生身心的发展和知识能力等各方面素质发展的要求，把学生培养成长为全面发展的人才，成为人类文明的推动者。相对的上下级管理者管理的目的都是一致的。还有，从上下级别职责来看，相对的下级管理者，同上一级管理者是领导与被领导的关系，只是职责的不同，目标是一致的，他们共同实现对管理对象的管理。

理清这个问题十分重要，否则，在管理工作中就做不到尊重教师，尊重学生，当然也就更谈不上以人为本，以学生的发展为本了。值得注意的是，在高等教育管理工作中，有的人可能既是管理活动的主体，又是管理活动中的客体，因为在高等学校内部一层次的管理活动中，他充当着管理者的角色，而在更高层次的管理活动中，他又充当着被管理者的角色。

(二) 管理内容与管理资源

教育教学管理内容和管理资源，统称教育教学管理对象，回答"管什么"的问题。它至少应当包括三个方面：一是高等学校的组织体系；二是高等学校的各种社会活动；三是高等学校办学活动中包括人、财、物在内的各种有关资源。简言之，其内容主要包括：人力、财力、物力、事情、时间、空间、信息等。人力，即学校师生员工的智力和体力的结合以及他们各自积极性的发挥；财力，即学校在一定时期内所拥有的可被使用的资金；物力，即学校所占有的材料、仪器、设备以及环境等物质资料；事情，即一个个所要解决的问题和一件件要办的事；时间，即物质存在的一种客观形式，由过去、现在、将来构成的连绵不断的系统，它是物质的运动、变化的持续性的表现，是无价、无弹性的特殊资源；空间，即物质存在的一种客观形式，由长度、宽度、高度表现出来，在教育教学管理中表现为可为特定管理系统提供或所给定的场所和范围；信息资源有广义和狭义之分：广义的信息资源一般是指信息内容资源以及收集、处理、传输、发布、使用和存储信息内容的技术、设备、网络和人等资源；而狭义的信息资源一般是指有利用价值的信息内容，它包括公共信息、公益信息和商业服务信息等。教育教学管理就是要将上述管理内容和管理资源进行有机整合、合理配置、有效使用，使其发挥最大效益，从而持续不断地为学生提供最优质的服务，完成一个个教育教学目标。

（三）管理方式与管理目标

教育教学管理方式是指，在教育教学管理中管理主体和管理客体之间的相互联系和相互作用的方式。管理方式的内涵是极为复杂和极为丰富的，一般说来，它可以包括管理活动的途径、方法、手段、模式、体制、风格等。教育教学管理方式是回答"如何管"的问题。管理方式的基础是管理途径，采取什么样的管理途径制约着管理方法和手段的有效性和意义；管理方式的核心是管理方法，通过正确而科学的管理途径，采取适宜而科学的管理方法，才能收到实效；管理方式的关键是管理手段，途径正确、方法科学还需要先进而科学的管理措施与手段，采用电脑技术、网络信息技术与采用传统技术进行教育教学管理效果显然是不一样的。

教育教学管理目标是指，管理组织系统在一定时期内预期达到的教育教学目的和收到的成果。它回答"为何管"的问题。管理目标按层次分，可分为宏观管理目标、中观管理目标和微观管理目标；按时间分，可分为长期管理目标、中期管理目标和近期管理目标；从意义上分，可分为战略管理目标和战术管理目标。任何一个管理目标体系，从其自身构成来看，都具有可分性、关联性、从属性和相对重要性等特征。高等学校教育教学管理目标，说到底，就是通过管理，使教育教学达到预期的目的和结果。必须清楚地认识到，这种目的和结果的实现要取决于两个因素：一是高等学校提供的"教育教学服务"质量水平；二是学生对"教育教学服务"质量的认可和接受程度。要知道管理只是手段，而实现目标才是目的。然而，目标的实现是学校提供的"教育教学服务"这一外因通过学生自身这一内因来实现的。可见，尊重学生，充分发挥学生的主观能动性是实现教育教学目的和收到成效的先决条件。

（四）管理环境与管理信息

环境有广义环境和狭义环境之分，广义的环境指围绕人的一切客观现实；狭义的环境指直接作用于人的周围的现实。有人把环境概括为自然环境和社会环境。学校环境既包含于自然环境之内，又包含于社会环境之中。"按照不同的分类标准，学校环境可分为教育环境和管理环境两大类，又可以分为硬环境和软环境两大类。"学校教育教学管理环境是学校整个管理环境的一部分，是指影响教育教学管理职能、管理任务完成以及管理效率的内外部条件。这些影响表现在与内外部的关系上：大的方面包括高等学校与整个社会系统之间的关系，高等学校与整个高等教育系统的关系，高等学校与高等学校之间的关系等；小的方面有学校内部管理系统与教育教学管理之间的关系以及教育教学管理内部之间的关系等。但这里要注意的是，教育环境和管理环境二者是相互渗透和相互影响的。由于这些关系的存在，因而教育教学管理系统内部的各种要素都不能不受到这些环境因素的影响。由此可见，管理环境也是教育教学管理的要素之一。管理信息是指在整个管理过程中人们收集、加工和输入、输出的信息的总称，是反映与控制管理活动的经过加工的数据。具体来说，它包括两方面的内容：一是指为了达到管理目的和形成管理行为所收集或加工的信息，主要是指能够反映管理客体运行状态和可能影响管理客体运行状态的各种信息。二是指经过加工并在管理过程中得以运用的和反映管理者管理行为的信息。可从各种不同的角度对管理信息进行分类：从总体来分，信息可分为自然信息和社会信息两大类；从信息的来源分，可分为内部信息和外部信息；从管理层次来分，可分为计划信息、控制信息、作业信息；从信息的稳定性来分，可分为常规信息（固定信息）和变动信息（流动信息）；从信息的期待性来分，可分为预知信息和突发信息；从信息的不同业务领域来分，可分为政治信息、经济信息、军事信息、科技信息、教育信息、体育信息、卫生信息、文化信息、人口信息、金融信息、商业信息等；从信息获取渠道的不同来分，可分为正规渠道信息、非正规渠道信息以及官方信息、民间社团信息等；从信息的精确性来分，可分为精确性信息（可靠信息）和不太精确信息（非可靠信息）。

信息是教育教学管理系统的基本构成要素和中介，信息是教育教学工作计划和决策的重要依据，信息是沟通、协调有关教育教学各部门的纽带和桥梁；信息是提高教育教学质量的重要资源。可见，信息贯穿并渗透于整个教育教学管理的全过程之中。

第四节 教育教学管理的模式与制度

高等学校在教育管理工作中，形成了许多管理模式，这些管理模式影响和制约着教育教学管理质量，从而影响教育教学的质量。讨论管理模式，其目的是借鉴先进的管理模式，提高管理质量。教育教学管理制度，这里指的是我们平时说的教学制度，即学年制和学分制，它直接关系到人才培养的规格质量、人才培养的规模与速度。可见，认识和研究教育教学管理制度也是十分必要的。

一、教育教学管理模式

模式是依据对象的发展规律而形成的在实际工作中必须遵守的比较稳固的培养程序及其方法的策略体系，包括行动计划、组织形式、行为规范、方式方法、手段措施及其类型等，或者说，它是上述诸要素的总和。教育教学管理模式是指，在教育教学工作中，形成的一些基本的管理方式，或一种规范的行为方式、方法及其类型和形式的总称，是学校管理模式的组成部分。下面对常见的几种教育教学管理模式予以研究探讨。

（一）经验管理模式

经验管理模式是指，在教育教学管理中，以管理者个体或群体的成功经验和失败教训作为管理行为依据的管理形式，是相对行政管理模式而言的。在经验管理模式中，管理行为的参照系是管理者个体或群体的经验，十分重视经验的价值，即主要依据经验办事。经验管理模式具有灵活性和可信性的特点，便于体现管理者的意图，能够灵活地处理较为复杂的问题。同时经验管理模式具有较高的可信性，因有先例，毋庸置疑，参照经验行事，便可处理问题。但经验管理模式也有着明显的缺点：一是经验具有局限性，因而缺乏普遍的指导意义；二是经验崇尚"想当年"，因而常使人向后看，不能开拓与创新；三是经验往往缺乏理性的思考与分析，因而难以使人认识事物的根源，避免经验性错误的连续发生。

（二）行政管理模式

行政管理模式是指，在教育教学管理活动中，以行政职能为中心，通过行政机构，运用行政手段来实施管理行为的管理形式。行政管理模式是一种以政府的法律、法规为依据的管理方式，是一种依靠行政手段和强调专业化的管理方式；是一种更注重结果的管理方式。行政管理模式的理论基础是19世纪德国法学家、行政学家施泰因的教育行政管理理论。行政管理模式的优点有三：一是职、责、权分明，高层到低层的一条权力线能确保教育教学管理活动的顺利进行；二是强制性和权威性，能确保政令畅通和教育教学管理任务的完成；三是循章管理、按法办事，行政法规和规章制度能确保管理效率的最大限度发挥。行政管理模式的局限性包括：一是容易造成管理的内耗。管理层次分得过多过细，导致机构臃肿、相互扯皮、内耗丛生；二是容易出现管理僵化。许多工作在强调统一要求、统一指挥下进行，往往产生"一刀切"和"齐步走"以及教条主义的现象；三是容易出现专断与越权。由于各层次的一把手说了算，个人的意见代表组织的意见，"拍脑袋"式决策的情况极易出现；四是容易出现权责失衡和权力倒挂。由于缺乏科学有效的制约与监督机制，加之职务与权和利紧密挂钩，重权而轻责、一些重要的职能部门权利倒挂的现象时有出现。

（三）科学管理模式

科学管理模式是指依据现代管理科学的理论，运用科学的方法、技术和手段，从深层来揭示管理问题，从整体来把握管理全过程的一种基本的管理形式。早在20世纪初，美国管理学家F.W.泰勒所创立的以提高劳动生产率为中心的科学管理中就已产生了该模式的雏形，但直到60年代末，随着系统科学、心理科学、数学和电子计算机等现代科学技术的渗入和引入，才使其进入一个新的阶段。教育教学科学管理模式，是科学管理模式在教育教学管理领域里的应用。教育教学科学管理模式注重对管理对象和过程进行定性和定量分析；注重综合运用现代科学技术的研究方法和手段；注重运用系统科学原理从整体研究把握管理活动和事态的发展。科学管理模式为学校管理带来了新的管理理念、方法和手段，但也存在着一定的局限性：如科学管理模式难以用于方向性的决策，难以用于非理性因素的分析，且对管理人员和管理技术条件要求较高，实施相对困难等。

（四）目标管理模式

目标管理，也称成果管理，最早由美国管理学家德鲁克于1954年在他的著作《管理的实践》中提出。所谓目标管理是指，以目标的制定、开展、实施和考评为主要管理环节，以成果的最终获得为衡量标准的一种程序化管理方式。目标管理的特点是以目标为中心，注重成果管理，强调目标实现的整体意识。目标管理的任务是把组织的目的转化为目标，并使组织中各个部门和个人的目标与组织的总目标融为一体，形成组织、部门、个人方向一致、明确具体、切实可行的目标体系。其基本管理方式是按目标确定、目标开展、目标实施和目标考评的有序环节推动着整个管理活动的进行。目标管理既重视人的因素，强调发挥人的主观能动性和参与性，又重视科学原理，讲究科学的分工与合作效率。目标在管理中具有现实性、具体性、可测性、时间性、阶段性和整体性等特点。同时，目标本身具有导向作用、标准作用、协调作用和激励作用。目标管理的局限性是容易忽视对过程的适时有效的管理与控制。

二、教育教学管理制度

教育教学管理制度是对学校教育的时限、学生的习修课程和学习量以及学习形式的规定，是协调教育教学秩序和有效实施人才培养目标的管理方法与管理手段。当今各国大学的教育教学管理制度主要有两种：一是学年制，一是学分制，其他形式的管理制度，多是这两种制度的派生体。

(一)学年制

学年制又称学年学时制,它是以修满规定的学年、读满规定的学时时数并考试合格为标准的一种管理制度。学年制既规定了修业年限,又规定了教育教学时数。每个学年的课程,包括必修课和选修课的门类和教学时数,都有严格的规定。在采用学年制的高等学校里,学时计算方法不尽相同,有的只计算各门课程授课的学时数,有的计算包括每门课程的授课、辅导和自习等各个教学环节的时数。学年制的优点是:从人才培养上来看,学年制有一个统一的要求,能够保证绝大多数学生在规格上的一致;从教学组织形式上看,采用学年制,易于实施管理。但学年制也存在严重的不足,主要表现在:一是教育教学计划统得过死;二是教育教学内容和分量整齐划一,这些既不利于因材施教,又不利于学生积极性和主动性的发挥,更不利于优秀人才脱颖而出和全面和谐发展人才的培养。因此,现在采用学年制的高等学校,大都引入了学分制来弥补学年制的不足。

(二)学分制

学分制是以学分作为计算学生学习分量单位的一种教育教学管理制度。学校根据专业培养目标的要求,规定各门学科的学分和学生应得的总分数。学生读满一定数量的学分,方能毕业。所修学分数,有一个弹性规定,由学生自己决定。不同学制的大学都规定有本学校的学分总数。在学籍管理上,如必修课考试不及格者,须补考,补考不及格者,须重修,否则,不予毕业;选修课考试不及格者,学生可根据自身实际决定补考、重修或放弃。学有余力者,可经申请批准,在教师指导下,多修某些课程,多得若干学分。凡达到最低毕业学分总数者,可提前毕业。学生如有其他原因,可申请减修某些课程,延长学习期限,前期学分累计有效。在同级大学之间实施学分的互相承认、转换和学分积累。学位的授予也看其学分,而不看其修业年限。

学分制的实施是伴随着选科制而产生的。19世纪70年代,美国的一些大学实行选科制,同时采用学分制。20世纪初,学分制开始流行于其他国家。在我国,最早提倡学分制的是著名教育家、北京大学校长蔡元培先生。学分制有许多优点:从学生角度讲,一是具有较大的灵活性,便于因材施教,最大限度地照顾到个体差异;二是学生可以根据自己的志趣、能力来调节学习的内容和进度;三是有利于学生全面发展,有些学生可以跨出原来专业的界限,扩展知识领域;四是有利于发挥学生的学习潜力,加快人才成长步伐。从教师角度讲,教师可以发挥其专长,根据自己的特长多开选修课和专题讲座,开拓新的学科领域,提高师资业务水平。然而,学分制也存在着一定的缺陷:如学分制主要反映学习的分量,而难以反映学习的质量;实行学分制,教育教学秩序相对来讲不易控制等。

(三)管理制度改革

在我国,自从著名教育家、北京大学校长蔡元培先生最早提倡学分制以来,我国高等学校的教育教学管理制度经历了三个发展阶段:第一阶段(20世纪30年代至50代初)实行的是美式的学分制;第二阶段(50年代初至70年代末)采用的是原苏联大学的学年学时制;第三阶段(80年代初至现在)在逐步实行中国式的学分制——学年学分制。学年学分制,有人称之为"学年选科制"或"弹性学年积点学分制"。学年学分制是一种既规定修业年限,又实行学分制的高等学校的教学管理制度。凡是规定修业年限的高等学校,不论年限长短,都规定一定的修习学分,要求在规定的年限内修满一定的学分为合格。我国目前实行学分制的高等院校基本上是采用学年学分制。学年学分制特点有二:一是继承了学年制的计划性,在教学计划中把公共课和专业基础课列为必修课,其学时总数通常占总时数的70%左右;二是体现了学分制的灵活性,在教学计划中开设选修课(指定选修课和任意选修课),其学时数一般不超过总学时的30%。学年学分制是一种计划性与灵活性相结合,以计划性为主的教育教学制度。实行学年学分制时,一般来说,在大学一二年级选择选修课的余地不大,主要力量放在打基础上;在大学三年级,大量开设选修课。学年学分制是在学年制和学分制基础上发展而来的一种教学管理制度。

改革开放以来,特别是2001年我国加入世贸组织(WTO)以来,为了更好地适应市场经济的发展,迎接教育全球化的挑战,我国进行了一系列的以建立有中国特色的学分制为中心的教育教学制度改革,取得了一定的成绩。但是,由于受到多方面因素的制约,建立一个有中国特色的、较为科学的学分制制度,路程仍旧很漫长。本书认为,建立一个较为科学的学分制制度,要从以下方面寻找突破口:

(1)走出认识误区,实施真正意义上的学分制。既然是学分制,就要打破学年的限制,真正地以学分来衡量学业,早成"正果",早拿学位早毕业。学分制的实施,不一定非得大规模地开设选修课程。要实施"专业课程"有条件的选修;"公共(或共同)课程"强制选修;"通识课程"有范围的自由选修。这是因为课程的实施受到学校人才培养规格的制约,因此课程选修不同于超市购物。

(2)合理规划课程,课程均要实施学分制。显性课程(包括专业课程、公共(或共同)课程、通识课程)全部实行学分制;隐性课程(包括物质层面上的、行为层面上的、观念层面上的、制度层面上的)只要能设计的,也要实行学分制。

(3)合理规划课程,健全选课管理制度。为确保学分制的有效实施,必须合理规划课程。开设哪些课程,哪些是必开课程,哪些需要作为公共必修课程,哪些可做跨学科课程等,这些都需要专家们经过全盘论证后来决定。制定"选课程序"及"选课手册",要利用计算机,实施科学、有效的管理。

（4）考勤与评价相结合，加强常规教学管理。学校是学习的场所，高等学校的职责就是为学生创造一个良好健康的、动态适宜的教育教学环境，使他们在这样的环境之中自由地吸取知识、培养能力、陶冶情操和发展个性。然而，无规矩不成方圆，再开放的学校也不是自由市场。因此，本书认为，须建立考勤、学籍与考试、评价一体化的管理制度。采用"划卡"选科、上课、考勤和考试，这一办法可以最大限度地保证课堂秩序和教育教学质量。

第五节 教育教学管理的规划与实施

教育教学的规划与设计是实施教育教学管理的前提，没有规划与计划，就是盲目管理；只有规划与计划而不付诸实施，显然是纸上谈兵。本节将从不同的视角，对规划与计划管理进行探讨。这里不探讨教育教学的常规管理，而是运用"过程方法"分别对显性课程教育教学管理（包括"专业课程教育教学管理""通识课程教育教学管理""公共/共同课程教育教学管理"）和隐性课程教育教学管理（包括物质层面上的隐性课程、行为层面上的隐性课程、观念层面上的隐性课程和制度层面上的隐性课程）进行研究探讨。

一、教育教学的规划与设计

规划，是指事先考虑并制定活动实施的程序或方法的过程，或对事物或活动的各个方面或部分事先做出配置与安排的活动，是指按照既定的目标、意向或目的而做的精心安排和合理建构。教育教学的规划与设计过程本身就是教育教学管理的过程，是管理的第一步，也是教育教学管理活动实施的前提和成功保证。

（一）人才规格的确立

人才规格，也称教育目标或培养规格，它规定了人才培养的方向和标准。人才规格是社会对其成员的基本要求和标准。人才规格是指社会对于作为其成员的人所必须具备的知识、技能、身心品质的基本要求、规定，是每一个合格的社会成员都必须具备的身心特征。人才规格不是谁制定的，它是一种客观存在和要求。确立科学合理的人才规格是教育教学的规划与设计的先决条件。

1. 人才规格的基本特征

本书认为，高等学校的人才培养规格应具备下述特征：

（1）合格公民应是人才规格的总要求。人是社会的构成要素，生存和服务于社会，每个人都应适应社会发展要求，与社会和谐相处，与社会共同进步与发展。一个合乎社会进步与发展的公民自然应是人才规格的总要求。符合这一总要求的公民就是人类文明与社会进步的促进者。

（2）全面和谐发展是人才规格的内涵。社会由方方面面组成，人生存于社会就要遵守社会规则，就要具备社会所要求的各方面的知识与本领，知识、技能、身心品质都要得到尽可能的和谐发展，哪一项都不可偏废。德、智、体、美以及个性心理等都要得到全面而和谐的发展，这自然是社会对其成员的要求，也是人才规格的内涵。

（3）终身学习应是人才规格的保持剂。社会是一个不断发展的过程，不同的阶段、不同的时期和不同的情景，社会对其成员都有不同的要求。因此，社会的每一个成员都必须不断调整自己以适应社会的要求，而适应社会的手段就是不断学习、终身学习。终身学习是社会个体永葆青春活力的保持剂。

（4）持续改进应是人才规格的发展观。为适应社会的发展要求，社会个体除了终身学习外，还必须不断修正自己、完善自己，使自己的知识、能力、心理素质以及言行举止持续满足社会的需要。社会要发展，个体要发展，人才规格也应始终处于一个开放的发展过程之中。

2. 人才规格结构

人才规格是社会对其成员的基本要求和标准。社会是发展的，因此人才规格结构也应是动态的、发展的。本人认为理想的人才规格应具备下述结构和内容：

（1）适应社会的人格。正确理解人与社会的关系，具有良好的世界观、价值观、人生观，富有正义感和使命感，乐观、进取，具有良好的现实感，能自我控制与激励，尊重他人，团队意识强，具有良好的意志品质，具有广泛的兴趣，有远大的理想和坚强的信念、高度的敬业精神等，诚信礼貌，尊老爱幼。

（2）适应社会的知识。掌握工具性知识（母语、外语、计算机、信息汲取等），科学知识基础，文史哲知识，法律法规知识，社会文化知识，道德伦理知识等。

（3）适应社会的能力。具有学习、创新和信息处理能力，公共关系处理能力，组织能力，适应社会能力，独立工作能力等。

（4）适应社会的体魄。身体健康、体格硬朗、精力充沛，心理健康，会休息、会运动、会娱乐。

（二）教育规划的设计

教育规划是指学校或教育主管部门就未来一定时期教育事业发展的指导思想、发展目标、发展规模与速度以及相应的实施措施等所进行的一种比较全面、长远的设计与安排。我国的教育规划一般来讲分为三个层次：一是国家级的教育规划；二是省、市（自治区）地方级的教育规划；三是高等学校级教育规划。以往我国国家级和地方级的教育规划往往是作为国民经济与社会发展规划或计划的一部分制定的，近年来一些地方政府和高等学校分别开始制定各自的教育规划或者教育发展规划。各级教育规划的制定有利于从宏观角度、从整体上把握和控制教育发展方向，实施"一盘棋"的教育发展战略。本书认为，除了上述各级教育规划外，高等学校对教育教学进行规划十分必要。这是因为，教育教学规划是就未来一定时期教育教学的指导思想、目标、内容以及相应的实施措施等进行的一种比较全面、长远的设计与安排，是对教育教学整体角度的设计和计划，而教学计划只是按专业制定的、针对某一专业的计划。教育教学规划是教学计划的上限，只有在教育教学规划合理的情况下，才能实现各科教育教学的整体而和谐的发展。

（三）教学计划的设计

教学计划是由国家教育主管部门或学校根据一定的教育目的和培养目标制定的关于教育和教学工作的指导性文件。它体现了国家或学校对教育教学的要求，是学校组织教育教学的指导性方案。17世纪，捷克教育家夸美纽斯在《大教学论》中最先提出以教学计划管理学校教育教学工作的主张。我国由政府制定并颁布实施的教学计划是《钦定学堂章程》（1902年清政府颁布实施）。高等学校教学计划是高等学校培养专门人才和组织教学的主要依据。

教学计划管理是高等教学管理的核心内容。教学计划管理的作用在于：保证教学管理工作的目标、过程和效果与学校管理的总体目标相统一，并协调教学管理系统内各层次的目标、任务和行为。教学计划管理是稳定教学秩序、提高教学质量的重要保证。高等学校的教学计划是按专业制定的。一个完整的教学计划一般包括以下五个基本要素：一是培养目标（也称培养规格），它规定了人才培养的方向和标准；二是课程设置，它规定了课程体系及内容；三是教育教学环节，它是指教育教学全过程中的活动形态；四是学时安排，是一定学制下的学时安排；五是学分数分配，即一定学制下的学分分配。

教学计划的设计要处理好以下几个问题：进行培养目标的设计，要在全面、和谐发展教育思想的指导下，处理好专业化与全面发展的矛盾；课程设计，要根据专业的特点，处理好各类课程之间的比率关系；教育与教学环节的设计，要以优化人才培养模式为目标，处理好传授知识与培养能力的关系；在学时安排和学分的分配问题上，要正确处理好人才培养速度和质量与课程体系的矛盾。

（四）教育标准的制定

教育标准是由国家的公认机构制定并由国家标准权威管理部门批准的文件，它对教育活动和活动过程及其结果规定了规则、导则和要达到的特定指标，供学校教育机构遵守和反复使用，以确保教育活动最佳秩序和效果的实现，同时也是教育应达到的各项指标的衡量尺度。可见，教育标准是教育教学管理的重要依据。标准是标准化活动的成果，也是标准化系统的最基本要素和标准化学科中最基本的概念。目前国家有关部门已开始了标准的制定工作。现在正在着手制定"教师教育系列标准"。正在制定的"教师教育标准"有五个,即《中小学教师教育技术标准》《教师专业标准》《教师教育机构资质标准》《教师教育课程标准》和《教师教育质量标准》。其中,《中小学教师教育技术标准》已完成,现已投入试运行阶段。

本书认为,国家教育有关部门应申请在"全国质量管理和质量保证标准化技术委员会"下,成立"教育质量管理和质量保证标准化技术分委员会",具体负责全国的"教育类标准"的制定与管理工作。"教育类标准"的制定应遵循下述原则:坚持整体性与一致性原则,尊重国际标准规范的原则,正确界定教育角色的原则,以学生为关注焦点的原则,坚持"过程方法"原则、管理的系统方法原则、动态开放性原则和持续改进原则。

(五)教育学科的规划

学科是研究或学习的科目,一般被划分为科学学科(或称学术学科)和教育学科(或称学校学科)。科学学科,即科学领域中的学科,包括自然科学、人文社会科学和技术科学,科学学科是指"人类知识体系中的门类,亦即专业化、系统化的知识",教育学科,即教育领域中的学科,包括在各级各类教育中教与学的科目,或者说是"学校教育中的教学科目,学校教育中主要的教育内容的门类"。什么知识最有用?学校究竟都需要设置哪些学科?这两个问题比较复杂,一方面国家有关部门要从整体的角度对学科予以整体性的规划;另一方面,高等学校要根据自身特点,规划设计自己的校本学科。学科规划是教育教学管理活动的重要组成部分,当然也是教育教学管理活动的前提和条件。

学科规划与设计十分重要,因为它是课程设计的基础和前提,当然更是课程改革的前提和基础。只有在科学合理的学科的基础上构建的课程体系才有意义。学科规划要遵循学校教育整体性的原则,科学性与时代性相统一的原则,专业教育与通识教育相结合的原则,动态开放性原则,实用性原则和持续改进原则。

(六)教学大纲的编制

教学大纲是对一门课程的任务、目的与要求、教学内容、教学进度、教学方法、课程各个章节的讲授时数等的基本要求和规定,是一门课程的指导性文件。教学大纲根据教学计划制定,是教材编写与选择、教学的组织与实施、教学质量的评估与评价的依据。教学大纲一般由大纲主体和说明两个部分组成。主体部分主要规定教学内容的主题、分题和要点,规定试验、实习或其他作业的题目以及教学进度和时间分配,并对教科书和主要参考书目予以介绍;说明部分提出教学目的和要求、教学内容和重点、教材选用的原则和根据,并对教学方法的选用、教材中的重点与难点的确定等提出建议。

教学大纲编写要注意下述几点：①要坚持和谐发展的原则，准确定位本门学科在整个教育体系中的位置与作用，做到与其他课程的整体协调与兼容。②坚持精讲多练和因材施教的原则，精选和设计教育内容，明确基本要求指标和较高要求指标，满足不同层次学生的要求。③坚持科学性、系统性的原则，选择弘扬民族文化与时代精神、先进科学知识与最新科研成果的内容。④坚持动态开放性原则，在保证满足教学计划要求和学生全面发展要求的前提条件下，在内容、方法、教学环节以及时间安排的方面留有充分的余地，以便持续改进，永葆本门课程的活力。

二、课程体系与教材体系建设

课程设计与建设，是指在尊重人的本质、教育本质、教育规律和知识的前提下，对课程的认识与研究、筛选和归类、组织和规划的过程。教材是教育教学知识与信息的载体，是课程的一种具体表现形式，是根据人才培养规格、教育标准和教学大纲要求编写的系统地反映教育教学内容并用于教育教学活动的工具。如何设计与建设课程体系和教材体系，这关系到教育教学工作的成败。

（一）课程体系的设计与建设

1. 课程的含义

课程，在我国最早见于唐朝。唐孔颖达为《诗经·小雅·巧言》中"奕奕寝庙，君子作之"作疏说："以教护课程，必君子监之，乃得依法制也。"南宋朱熹在《朱子全书·论学》中，不止一次使用了课程一词，如"宽著期限，紧着课程""小立课程，大作功夫"等。

何谓"课程"有着不同的定义。国内对课程概念有代表性的说法有"学科说"，认为课程有广义、狭义之分。广义课程指所有学科的总和或学生在教师指导下各种活动的总和；狭义课程指一门学科。"进程说"认为课程是一定学科有目的、有计划的教学进程，不仅包括教学内容、教学时数和顺序安排，还包括规定学生必须具有的知识、能力、品德等的阶段性发展要求。"教学内容说"或"总和说"，将列入教学计划的各门学科和它们在教学计划中的地位、开设顺序等总称为课程。

2. 现代课程的特点

从上述定义我们可以看出，"课程"是一个不断发展变化的概念，这种变化表现出如下趋势和特点：从强调学科内容到强调学习者的经验和体验。强调经验的过程并不意味着排斥源于文化遗产的学科知识，而是在学生现实经验的基础上整合学科知识，使学科知识和学生经验共同成为学习者的发展资源。从强调目标、计划到强调过程本身的价值。这也并不是不要目标、计划，而是把目标、计划整合于教学情境之中，使之促进人的创造性的发挥，发挥教育教学过程本身非预测性因素的无穷教育价值。从强调教材的单因素到强调教师、学生、教材、环境多因素的整合，进而强调课程的会话本质。把课程视为教师、学生、教材、环境等多因素间持续交互作用的动态会话情境，课程由此变成一种动态的、生长性的"生态系统"和完整文化，这意味着课程观念的重大变革。从强调显性课程到显性课程与隐性课程并重。将学校教育中有计划、有组织实施的显性课程与学生在学习环境中学习到的非预期性、非计划性的隐性课程（包括知识、观念、规范和态度的学习）并重，要求学校以更全面、更开放的观念设置和对待课程。

3.课程体系的设计

课程设计是指在尊重人的本质、教育本质、教育规律和知识的前提下，对课程的认识与研究、筛选和归类、组织和规划的过程。课程如何设计，是一个十分复杂的问题。别的不说，就是对课程的认识和分类迄今也没有一个统一的观点与看法。本书认为，从课程形态载体的表现形式出发，对课程予以分类和设计不失为一种比较科学的方法。据此，本书对高等学校的课程进行了深入细致的研究，并规划设计出了高等学校课程体系结构。

（二）教材体系的建设

教材是教育教学知识与信息的载体，是课程的一种具体表现形式，是根据人才培养规格、教育标准和教学大纲要求编写的系统地反映教育教学内容并用于教育教学活动的工具。本书认为，教材一般分为两大类：有形教材和无形教材。有形教材可分为四种：即纸质教材、实物教材、胶片（带）介质教材和电子介质教材；无形教材一般分为四类：即物质层面上的教材（校园环境氛围、教学环境、媒体环境、生活环境等）；行为层面上的教材（学校公共关系、行为模式、教师举止言行等）；观念层面上的教材（校园伦理道德观念、价值取向、道德标准等）；制度层面上的教材（人才规格要求、教育标准、办学理念、制度规章等）。有形教材和无形教材共同构成学校教材体系。

三、教育教学的课程实施与管理

课程的实施管理是高等学校教育教学管理的核心。本书将"显性课程"划分为专业课程、公共（或共同）课程、通识课程三大类，将"隐性课程"划分为物质层面上的隐性课程、行为层面上的隐性课程、观念层面上的隐性课程、制度层面上的隐性课程，重新建构了高等学校课程体系，力图体现以人为本、全面和谐发展的教育理念，具有较为严谨的逻辑性和可操作性，也较科学和理性地为"德育教育""通识教育"找到了其自身的确切位置。

（一）显性课程教育教学管理

"显性课程"也称常规课程，学校课程或正式课程。显性课程，既指一切有计划、有目的、按一定程度进行和完成的教育活动，又指体现和落实课程的教学计划、大纲、教材等。"本书认为，"显性课程"应划分为专业课程、公共（或共同）课程、通识课程三大类。其中，"专业课程"又包括专业基础课程、学位课程、专业相关课程；"公共（或共同）课程"包括工具类课程、道德伦理课程、哲学课程、美学课程、社会实践课程、体育与卫生健康课程；"通识课程"包括自然科学类课程、社会科学类课程、日常生活类课程、综合知识类课程。

1. 专业课程教育教学管理

顾名思义，专业课程是从专业分类的角度出发而规定的该专业的学习应提供的课程，是人为划定的研修本专业的学生必须学习的课程。按国内外通用做法，每个专业都规定有本专业的课程。专业课程的学习质量是衡量是否具有该专业水平的重要条件。现在高等学校的专业设置越来越多，专业课程设置也不尽相同。本书认为，专业和专业课程设置应遵循下述原则：1. 统筹规划的原则。专业的设置要"全国一盘棋""全校一盘棋"。课程设置要统筹规划、整体考虑。2. 按需设置的原则。专业设置要根据社会需要先规划后布局，课程要根据市场需求设置。3. 优先发展新型专业的原则。对那些新兴专业和课程，特别是那些代表高科技的专业和课程要优先发展。4. 尊重个体发展的原则。对那些在个体社会化进程中所需的最基础专业与课程，必须规划好，设计好，保护好，绝不能只顾及市场需求而忽略了人的发展需要。5. 动态开放性原则。不论是专业设置还是课程设置，都不是一成不变的，而是发展的，要适时增减或调整，要使专业和课程跟上时代的步伐，不断改进，保持活力。专业课程的实施主要是通过课堂教学来完成的，因此课堂教学尤为重要。在课堂教学管理工作中，要把管理权交给教师和学生，充分发挥他们的积极性和创造性；要坚决贯彻理论与实践相结合的原则，既讲求理论，又重视实践；要将专业学习与对学生的职业指导和职业生涯规划紧密结合起来，使学生真正地认识到在校学习和将来工作都是社会化的过程，是职业生涯的实现过程。

对于专业课程质量的控制，本书认为要建立在"全面质量管理理论"的基础上，在教育教学质量管理上任何其他模式都不如"教育教学质量管理体系（或监控体系）"科学合理，方便有效。通过"质量手册""程序文件""作业指导书"的文件控制系统，能最大限度地实现对教育教学质量的控制，并持续改进教育教学质量。

2. 通识课程教育教学管理

"通识教育"的概念，始于19世纪初。至于何谓通识教育，却有着不同的表述。李曼丽、林小英通过研究发现关于通识教育的定义竟有50多种。但是，不管如何界定通识教育，学者们对实施通识教育的目的的认识却是一致的，即"培养健全的学生和负责任的公民"。因此，通识教育是通识教育理念和通识教育实践的统一体，是高等教育的重要组成部分，是人人都必须接受的职业性和专业性以外的那部分教育，它的内容是一种广泛的、非专业性的、非功利性的基本知识、能力、态度与价值的教育，它的目的是把学生培养成健全的个人和负责任的公民，它的实质是"和谐发展的人"的培养。"通识教育课程"是指，为实施"通识教育"而规划设计的课程体系。通识教育课程具有如下特点：

（1）通识教育课程的相对性。通识教育课程是"人人都必须接受的职业性和专业性以外的那部分教育"的课程，是相对职业性或专业性课程而言的。也就是说，就某一专业而言，除了该专业应开设的专业课程以外的那些作为一个健全的个人和负责任的公民应该学习的基础课程。比如，数学专业，除了该专业应开设的专业课程以及公共性课程外，剩下的应该学习的课程都是通识课程。如：文学基础知识、天文与地理基础知识、史学基础知识、教育学与心理学基础知识、社会学基础知识、公共关系学基础知识、生活与家政学基础知识等。若是中文专业，文学课程便成了专业课，而数学基础知识便成了公共课。

（2）通识教育课程的广泛性。通识教育课程的内容十分广泛，可以说一个健全的个人与和谐发展的人应该学习的知识系统，都属于通识教育课程的内容。通识教育课程是把学生培养成健全的个人与和谐发展的人的必备课程。

（3）通识教育课程的发展性。通识教育课程稳定性是相对的，有时也与其他类课程相互转化。比如，数学课程，在数学专业以外，它普遍被视为通识课程，但近几年来，特别是在1989年美国促进科学协会制定《普及科学——美国2061计划》以后，数学已被视为一种数学逻辑语言，成了语言工具。现在数学在许多国家里已被广泛地视为每个社会合格成员必修的公共基础课。这一点在我国的高中和部分大学里也被接受。

（4）通识教育课程的开放性。随着人类的不断进步和数学与技术迅猛发展，一些科学学科（或称学术学科）的知识不断地被纳入学校学科（或称教育学科）之中，一方面增加了学校学科知识，另一方面也丰富了通识教育课程。

通识教育课程的设计要坚持下述原则：1.全面性原则。通识教育课程是高等学校教育教学全面发展的保证课程，涉及的面极其广泛，因此，既要全面规划，把该开的课程都要设计好，又要做到内容丰富而系统。2.可选择性原则。通识教育课程的设置，要有充分的可选择性，既要考虑到学生的全面发展，又要照顾到学生的兴趣。3.注重基础的原则。通识教育课程的设计要简单明了，突出学科和知识重点，以让学生了解和掌握基础知识为目的。4.多样性原则。通识教育课程的设计，要充分利用各种课程载体形式，使课程生动活泼，丰富多彩。通识教育课程的实施可以通过课堂教学、社会实践、自学等多种形式来完成。学校要根据专业的不同，明确规定通识教育课程的选修范围供学生参考。范围要尽可能大一些。要建立起通识教育课程教育教学的质量保障体系，实行学分制或证书制度。最佳教育不仅应有助于我们在专业领域内更具创造性，它还应该使我们变得更善于深思熟虑，更有追求的理想和洞察力，成为更完美、更成功的人。这种教育应该帮助青年人在谋求职业时有最适度的流动性,便于他从一个职业转换到另一职业或从一个职业的一部分转到另一部分。实施"通识教育",旨在使学生既"专"又"博",同时具有良好的道德素养和心理品质,从而为学生今后的就业和社会生存奠定坚实的基础。

3.公共(或共同)课程教育教学管理

何谓公共(或共同)课程?本书所说的公共(或共同)课程不完全等同于以往所说的"公共课"的概念,本书的公共(或共同)课程是指,作为一个大学生或者说一个"未来社会的合格公民""人类文明的推动者",必须学习的那些除了专业课和通识课程以外的课程。无论哪个专业,必须学习公共基础课程,是强制性的。公共(或共同)课程,从某种意义上来说,也可属于"通识课程"的范畴,但它又与其他的"通识课程"不同。它是通识课程,但又比其他通识课程更带有基本素养要求的成分。或者我们可以这样说,一个大学生若不修"通识课程"可能无大碍,但绝对不能不修公共(或共同)课程。公共(或共同)课程是一个未来公民必修的,也是一个人应该具备的基本知识。

本书认为,高等学校的公共(或共同)课程应包括六大内容:一是工具类课程;二是哲学课程;三是伦理道德课程;四是体育卫生课程;五是美育课程;六是课外实践课程。

(1)工具类课程。工具类课程的内容是现代社会,作为一个合格公民应该具备的基本知识,这些知识是一个公民生存于社会、服务于社会必须掌握的知识本领,是用于解决生存中一切问题的钥匙和工具。工具类课程有:语言课程(包括外语课程)、数学课程(基础数学)、计算机课程等。工具类课程是高等学校课程基础的基础,工具类课程知识,每个学生都必须掌握。工具类课程的教育教学,通过质量管理体系加以管理;学生学习的质量水平通过实施证书制度和学分制来控制。

(2)哲学课程。哲学是方法论,是科学和文化知识的基础。如果说工具类课程是"显性工具"的话,哲学课程就是"隐性工具",在现实生活中,分别解决各个层面上的问题,缺一不可。本书认为哲学课程应由三个方面的内容组成:哲学史、哲学思想(包括马、列、毛和诸家思想)、哲学思想案例释析。一个大学生若不了解哲学,连基本的哲学知识都没有,又怎能形成比较科学合理的世界观和方法论?哲学课程的设计"要动哲学脑筋",现在大学里的哲学课功能并未达到应有的效果,其主要原因就是把哲学课程给教条化、程式化、单一化了,甚至严重地曲解了哲学体系。因此,哲学课程的设计要在内容和形式上下功夫,内容要丰富,形式要多样。要切实提高哲学课程在高等教育中的地位,要引导学生把哲学真正地当作思维工具和方法论来学。要加强对课堂教学的管理力度,对那些本身自己都没有理解哲学真谛的教师,对那些上课不负责任的教师要予以培训和教育。总之,要使哲学课程能为学生将来生存于社会、服务于社会提供科学的思维工具,真正实现其应有的价值。

（3）伦理道德教育课程。学校道德教育管理（也称学校德育管理）是指，根据一定的德育目标，通过决策、计划、组织、指导和控制，有效地利用德育的各种要素，以实现培养人的学校管理活动。道德教育课程管理是指，根据一定的德育目标对道德教育课程的设计、组织实施、评价与控制的管理。道德教育课程的设计要根据道德教育的内容来进行。我国学校道德教育的内容包括：政治教育、思想教育、道德教育、法纪教育和心理教育。一方面，道德教育课程要紧密围绕着这五项内容来规划和设计，另一方面，要结合国家的道德教育规划来进行。如《公民道德建设实施纲要》《中共中央国务院关于进一步加强和改进未成年人思想道德建设的若干意见》《中共中央国务院关于进一步加强和改进大学生思想政治教育的意见》、胡锦涛总书记提出的"八荣八耻"《普通高等学校学生管理规定》以及《中华人民共和国治安管理处罚法》等法律规章也应纳入道德教育课程范围。道德教育课程管理是德育思想管理、德育组织管理、德育目标管理、德育计划管理、德育过程管理和德育质量管理的先决条件。道德教育课程的学习是强制性的，是每个大学生的必修课程。

（4）体育卫生教育课程。高等学校体育与卫生教育包括体育教育和卫生健康教育两个方面。体育教育是强身健体、增长体育知识和技能技巧的重要手段；卫生教育，也称卫生健康（保健）教育，是培养学生健康意识和卫生习惯的必要措施，其目的是起到保护健康的作用。因此，必须确保体育卫生教育在全面发展教育中的地位。那种认为体育卫生教育只是中、小学的事的思想是错误的。毛泽东同志早在《体育之研究》中就指出，"德智皆寄予体，无体是无德智也"，"体育，载知识之东西而寓道德之舍也。"身体是德育、智育、美育等发展的物质基础，是知识与能力、思想与智慧、技巧与技能的载体，而健康的体魄又与体能的锻炼和卫生与健康的习惯养成分不开。我们认为，体育教育与卫生健康教育应是终身的，应贯穿于公民教育的各个阶段之中。因此，在高等学校教育中，学校必须提供体育卫生教育课程，学生必须接受体育卫生课程的教育。

体育卫生教育课程的设计应从公民在不同阶段的身体发育特点出发。我们认为，高等学校的体育卫生教育课程应包括五个方面：一是体育知识；二是卫生保健与疾病防治知识；三是体育训练与卫生保健方法指导；四是体育与卫生保健软环境（强身健体运动、比赛氛围等）的创设；五是体育与卫生保健硬环境（设施、场所等）的提供。高等学校体育卫生教育课程的实施可从下述途径入手：一是课堂教学；二是体育、健身运动和比赛；三是广播体操；四是卫生保健与健康体检。体育卫生教育课程的课堂教学实行学分制管理，其他项目以考核评定的方式予以记载。总之，高等学校承担着公民在高校阶段的"全民终身健身"的重要任务，因此要加强体育卫生教育的力度，走出误区，切实给予体育卫生教育应有的地位。

（5）美学教育课程。美学教育，也称美育、审美教育或美感教育。高等学校的美学教育，就是运用美学理论，通过对自然美、社会生活美、艺术美的鉴别和欣赏活动来培养学生正确的审美观点，培养健康的审美情趣和鉴赏美、创造美的能力以及热爱一切美好事物的情感。

美学教育是全面发展教育的组成部分，它是促进一个人健康成长的重要途径。若一个人善恶不辨、真假不识、美丑不分，甚至以丑为美、视丑为美、以恶为美、视恶为善的话，他就是再有知识和能力，也只能算是一个"缺德"丑陋之人和社会的渣滓。近几年来，由于种种原因，社会上的一些丑恶现象沉渣泛起。这一方面说明了在今天，进行辨别美、鉴赏美、热爱美和创造美的教育的必要性；另一方面也为我们这个社会和学校敲响了警钟——放松美学教育就意味着"丑陋的中国人"数量的剧增！

美学教育是通过美育课程和管理来实现的。美学教育课程的规划既要考虑显性课程因素，又要考虑隐性课程因素。要将美学理论基础、传统精品文化与艺术鉴赏、名著与诗词欣赏、书画欣赏、文物知识与鉴赏、祖国美好自然风光欣赏等内容的课程永久地纳入高等学校教育的课程体系。美学教育课程的实施，形式要灵活多样，课堂教学、座谈与讲座、参观与访问、旅游、鉴赏会等均可采用。美学教育是高等学校教育的内容之一；而美学知识也是作为一个大学生必须习得的课程内容。我们认为，美学教育课程系高等学校的公共基础课程，既然是公共基础课程，每个学生就必须学习。可以从学校提供的美学教育课程中选修完成，以"学分"管理制度控制。总之，美学教育的管理要做好四个方面的工作：加强美育教育的组织领导，从点滴小事入手进行美育常规训练，广开美育教育的实施途径，运用"过程方法"控制好美育教育的各个环节。

（6）课外实践课程。本书将课外实践课程划归入高等学校教育的公共基础课程的范围内予以考察和管理，是基于这样的考虑：一是为了突出强调课外实践课程的重要性，找回课外实践课程应有的名分。我们知道，任何一门课程的实施都是理论与实践的循环往复过程，但近几年来却把理论和实践给人为地割裂开来了，更有甚者，已完全把实践给抹杀掉了，硬是删除了这一至关重要的环节。我们认为，过去的"开门办学"现在的"闭门读书"都犯了极端主义的错误，是对学校教育的曲解。只有坚持学校教育理论与实践的有机结合，才能为学生打好职业生涯的基础，培养出合格的人类文明的推动者。二是课外实践课程带有共性，存在于各类课程之中，是任何课程实施的一个不可缺少的环节，是高等学校必须实施的，也是学生必须学习的课程。如果绕过了这一环节，实际上实施的就是残缺不全的课程。

课外实践课程的设计要注意以下几点：要正确地认识课外实践课程的含义。课外实践课程和理论课程相对，这里强调的是认识事物与获得知识和技能的两个互为前提的环节和过程，并不是一说课外实践就得必须亲自动手。坚持理论与实践的统一，整体构建课外实践课程。理论讲授和实践验证是课程的两个方面，因此，课程的计划、执行、检查、处理四个环节都要整体考虑这两个方面，二者不可偏废，或顾此失彼。

坚持理论与实践的统一，整体实施课程。理论讲授和实践验证又是课程实施的两个方面，二者是自然的、螺旋式上升的循环过程，是互为前提的，因此在教育教学过程中必须坚持理论课程与实践课程的有机结合。从实际出发，灵活设计实践课程。实践课程的设计要因时、因地、因人，实践课程采用何种方式也要具体情况具体分析。总之，课外实践课程既是课程实施过程中的一个方面，又是教育教学的有效补充。学生课外实践课程的学习与管理采用学分制，学校要通过建立质量管理体系实施对课外实践课程的控制与管理。

（二）隐性课程教育教学管理

隐性课程也称潜在课程、隐蔽课程、自发课程。"隐性课程"的概念界定不尽相同，但一点是肯定的，即隐性课程与显性课程相对，是学校情境中以间接的、内隐的方式呈现的课程，是潜移默化地影响学生身心发展的一切学校文化要素的统称。我们认为，"隐性课程"包括物质层面上的隐性课程、行为层面上的隐性课程、观念层面上的隐性课程、制度层面上的隐性课程。隐性课程同显性课程共同构成教育课程的两大内容，对隐性课程的教育教学管理不容忽视。

1.隐性课程的产生

隐性课程与显性课程相对，它随教育的产生而产生。20世纪60年代以前虽然没有隐性课程这一概念术语，但它的确在实实在在地对人的身心产生影响，发生着作用。杰克逊在他的《教室中的生活》中首先使用了"隐蔽课程"一词。至此，"隐蔽课程"即"隐性课程"这一术语正式提出。杰克逊把隐蔽课程界定为班级生活结构特性，该结构是由"群体"、"表扬"和"权力"三个因素所构成的。作为传统的结构功能主义者，杰克逊肯定了隐蔽课程的积极功能，认为隐蔽课程在促进儿童社会化方面发挥着重要作用。布卢姆在《教育学的无知》一书中使用了"显性课程"和"隐性课程"这对概念。他认为历来的课程研究都忽视了隐性课程。他发现隐性课程的主要目标与学生的学习有关，也与学校所强调的品质与社会品质有关。学校的组织方式、人际关系等，社会学、人类学、社会心理学的因素对学生的态度和价值观的形成具有强有力的持续影响。这是因为生活在学校这一特殊环境中的学生负有相互支持、关心和尊重的责任。他认为"隐性课程"与"显性课程"同样重要，隐性课程能很好地达到某些教学目标，特别是品质塑造、习惯养成等方面的目标，并比显性课程所明确的目标保持得更为持久。学生在学校中形成的这些社会品质对以后走向社会所起的作用与其形成的学习技能对以后工作所起的作用同样重要。

2.隐性课程的概念

对隐性课程的作用以及对隐性课程的研究，越来越受到世界各国教育界的重视。但何谓隐性课程？其定义不尽统一，综合起来大致有下列几种说法：

（1）隐性课程是指"非计划的学习活动""是学生在教学所规定的课程外所受的教育"。

（2）隐性课程是指"学生在学校教学情境中无意识获得的经验，是融入学生生活、学习、交往过程中不为学生意识到的一种教育影响"。

（3）隐性课程是指"学校（班级）社会关系结构以及学校正规课程有意或无意地传递给学生的价值、态度、信仰等非学术性的知识"。

（4）隐性课程是指"学校通过教育环境（包括物质的、文化的、社会结构的）有意或无意传递给学生的非公开性的教育经验（包括学术的和非学术的）"。

（5）隐性课程是指"课内外间接的、内隐的，通过受教育者无意识的非特定的心理反应发生的教育影响因素；对学生在学校情境中无意识地获得的经验间接地起着影响作用的那些隐蔽的、无意识的、非正式的因素"。

（6）隐性课程是指"潜在的课程"，亦称非正式课程等，是广义的学校课程的组成部分，与显性课程相对。其主要特点是潜在性和非预期性。它不在课程规划（教学计划）中反映，不通过正式教学进行，对学生的知识、情感、信念、意志、行为和价值观等方面起潜移默化的作用，促进或干扰教育目标的实现。通常体现在学校和班级的情境中（如师生关系、同学关系、学风、班风、校风、校纪等）。

从上面对"隐性课程"的定义可以看出：尽管人们对"隐性课程"的概念界定不尽相同，但有一点是肯定的，即隐性课程与显性课程相对，是学校情境中以间接的、内隐的方式呈现的课程。隐性课程同显性课程共同构成教育课程的两大内容，是指在学校教育中没有被列入课程计划，却在潜移默化地影响学生身心发展的一切学校文化要素的统称。是学生在学习环境中（包括物质、社会和文化体系）所学习到的非预期或非计划的知识、价值观念、规范。

3. 隐性课程的特征

隐性课程之所以称为隐性课程，是因为其内容是以隐蔽而不是外显的形式呈现的。人为隐蔽性和无意隐蔽性是隐性课程的两种情形。所谓"人为隐蔽性"是指为了某种需要，一些课程（内容）被人为地隐蔽起来或将某些特定的含义隐藏于或赋予某些课程之中。所谓"无意隐蔽性"是指一些课程（内容）无意地被隐藏起来或不自觉地赋予了某些课程一定的含义。不管是哪种情形，被隐蔽起来的课程（内容）是存在的，并常常以学生没有意识到的方式对其产生影响，这是不容回避的事实。那么隐性课程都有哪些方面的性质呢？可以从以下八个方面来考察：

（1）从存在的范围来看，隐性课程具有普遍性。隐性课程存在于学校的各个方面、各个角落和各种行为之中，无时不有，无处不在。

（2）从存在的方式来看，隐性课程具有隐蔽性。隐性课程是以间接的、内隐的方式，而不是以外显的方式呈现并发挥作用的。

（3）从传授的方法来看，隐性课程具有非计划性。隐性课程是通过学校的自然环境和社会环境等具体情境，对学生产生影响的，无须专门组织的教育活动，内容是非学术性的。学生是在自由的情境下，间接地、不知不觉地受到教育。

（4）从作用的特性来看，隐性课程具有渗透性。隐性课程是学校所有文化要素的结合物，几乎无所不包，它涉及学校的方方面面，并渗透其中。它渗透并存在于学校的环境中，学校的观念和文化氛围中，人与人和人与物的关系中，学生的课外活动中等等。可以说，学校的一草一木，教师的一言一行、一举一动，都渗透着影响人的因素。

（5）从影响的结果来看，隐性课程具有感染性。隐性课程主要是通过学校的自然环境和社会环境等具体情境对学生产生影响的。一个人若置身于一定的情境之中，就会被此情此景所感染并融入其中。从而自觉不自觉地受到鼓励、受到鞭策、受到教育。

（6）从作用的效果来看，隐性课程具有长效性。学生自踏入学校大门的第一天起，便在学校和老师有目的、有计划的指导下开始了显性课程的学习，同时也不知不觉地受到学校隐性课程感染、熏陶、诱导与教育。显性课程教育效果明显，但隐性课程需要经过日积月累、潜移默化的影响，才能收到效果，从而形成思想意识、意志、品德等。而思想意识、意志、品德等一经形成，就不易改变，其效果是长期而深远的。

（7）从存在的形式来看，隐性课程具有动态性。隐性课程的动态性具有两个方面的含义，一是一些隐性课程在适当的条件下可以转化为显性课程；二是隐性课程易受政治、经济、道德习惯和价值取向等因素的影响。

（8）从标准判定上来看，隐性课程具有不确定性。隐性课程品质的标准判定，受人的经验、动机、道德准则、价值取向等因素的制约，其是非曲直并无绝对的客观标准，同一内容的隐性课程对受教育者起的作用也不尽相同。

4.隐性课程的设计

隐性课程和显性课程一样，内容十分广泛，涉及学校的方方面面、各个角落和各种行为。物质层面包括校园环境（自然环境、人为环境等），教学环境（教学设施、教室布置、桌椅排列等），生活环境，媒体环境，社会环境等。行为层面包括言行举止（教职员工的言行、学生的言行等），人际交往（学生间、教师间、师生间、教师与家长间、社区与学校间的交往等），行为习惯等。制度层面包括制度规章（学校管理体制、学校组织机构、班级的管理与运行的方式等），规约、惯例，办学理念，人才规格要求，教育标准等。观念层面包括意识观念（校风、办学方针、教学风格、教学观念、教学指导思想等），价值取向，伦理道德观念，道德情感，道德标准，行为模式等。

隐性课程孕育在上述的各个层面之中，也就是说，上述的各个层面都是隐性课程内容的载体。隐性课程也常常隐含在显性课程的载体之中，与显性课程结伴而行，以间接的、内隐的方式呈现出来。

隐性课程是"学生在学习环境中（包括物质、社会和文化体系），所学习到的非预期或非计划的知识、价值观念、规范。它不在课程规划（教学计划）中反映，不通过正式教学进行，对学生的知识、情感、信念、意志、行为和价值观等方面起潜移默化的作用。隐性课程是学生思想意识形成的重要诱因"。柯尔伯格说，"学校的隐蔽课程必须体现某种更重要的目的而不仅仅是体现学校本身的目标和社会秩序……使隐蔽课程变成一种正义的环境，以及在关于正义和道德的理性的和口头的讨论中使之变得明确起来"。要利用、开发积极进步的隐性课程对学生的言行举止、处世方式乃至整个世界观的形成施加积极的影响。充分利用隐性课程这一道德教育的重要手段，提高学生的道德认识水平，陶冶学生的道德情感，规范学生的道德行为，提高学生明辨是非的能力和鉴赏能力。我们知道，学生主体的发展并不是仅仅靠知识和技能的掌握、能力的培养就能实现的，学生主体发展的质量、速度在很大程度上与它是否以理智感、道德感、美感等高级情感和坚强的意志作为动力密切相关。而高级情感和意志等在很大程度上恰恰是在隐性课程的作用下形成的。要利用隐性课程培养学生的高尚的情感和坚强的意志，促进学生的全面发展，促进显性课程内容的掌握。

  隐性课程对学生的身心发展的影响和作用是双重的，既有积极的一面，又有消极的一面。要利用其积极的作用，化解或消除其消极的影响。隐性课程的消极作用带来的结果有时与学校和社会的期望不一致或者相反，与教育目标相悖。在教育和教学实践中，这些消极的、非预期的作用常会影响教学，影响显性课程的有效进行，影响受教育者和教育者的行为，有时甚至影响整个教育。因此，就学校来讲，要充分考虑到校园文化、管理体制、办学思想等对学生的影响。努力做到以优美健康的环境熏陶人，以良好的思想引导人，以适宜的制度规范人，以高尚的情感感染人。柯尔伯格说，"在隐蔽课程中，要紧的是教师和校长的道德品质和思想意识，因为这两样东西会转化成一种动态的社会环境，而这种社会环境则是影响儿童的环境"。"隐蔽课程转化为道德环境，不是一种或另一种教育技巧或思想及方法的问题，而是教育者的道德能力问题，是他要传播这样一种信念，即他的学校或班级具有一种人的目的的问题。"作为施教者，要经常分析自身给学生可能带来的影响，如言行与举止、要求与期望、态度与情感、教态与风格等。如果其中有些影响是属于非期望的，那么施教者要在未来课程的规划和设计中充分考虑到这种隐性课程可能产生的结果，如果可能的话，将之明确地显现出来。一旦隐性课程围绕一定的目的被纳入整个课程体系之中，成为课程计划的一个有机组成部分，不但教师，而且学生也会意识到其存在，就能利用其积极的作用，化解或消除其消极的影响，实现隐性课程的真正价值。

  总之，显性课程与隐性课程不是对立的，而是一个统一体，二者总是以合力的形式对受教育者施加影响。不管承认与否，这是无可争议的事实。近年来，我国教育界对显性课程研究不断深入，围绕着素质教育和教育同世界接轨的课程改革也取得了一定成果。但是，对隐性课程的研究和重视程度相对不够。因此，进一步深入开展对显性课程和隐性课程性质和作用的研究与设计，从而改革、完善显性课程，探索、重视隐性课程，充分利用隐性课程的积极作用，是实施以人为本，全面发展和谐教育的可靠保证。

第六节 教育教学质量的评价与监控

在学校教育中，教育教学质量管理是学校全面质量管理的关键，教育教学质量的好坏是评价高等学校优劣的重要标志。根据教育教学一体化的思想，本书认为，教育教学质量应由两部分组成：即施教者的教育教学质量和学生的整体发展质量。教育教学质量的评价与监控应重点放在对施教者的教育教学质量上，而不是把重点主要放在学生身上。

一、教育教学的质量评价

一般认为，评价常常涉及评估和评价两个概念。评估是测量的实际过程，或者是对行为的认真思考和公开测量；而评价则还包括根据特定的行为规范对这个测量过程所作出的解释。实际上评估和评价常常是同时发生的。但通常情况下仍把评估看成是对测量过程的认真思考和计划；评价则更多地涉及判断和反馈的一般过程。高等学校教育教学质量评价是根据教育方针和教育目标（包括总目标和分目标）以及人才培养规格或标准要求，通过系统的信息搜集和科学分析，对教育教学质量进行评估和评价。我们认为教育教学的质量评价应该从两个方面进行：教师的教育教学质量和学生的整体发展质量。评价应采用形成性评价和总结性评价的方法，把评价的重点放在对教师的教育教学上，而不是放在学生的学习结果上。

（一）教育教学质量评价的实质

探讨教育教学质量评价之前，首先要明确何为教育评价。究竟何为教育评价，国内外的学者有着不尽相同的界定，归纳起来大致有以下几种说法和主张。克龙巴赫认为，"所谓的教育评价，是指为获取教育活动的决策资料，对参与教育活动的各个部分的状态、机能、成果等情报进行收集、整理和提供的过程"。斯坦福评价协作组认为，评价是"对当时方案中发生的事以及方案结局的系统考查——一种导致帮助改进这个方案或其他有同样总目的方案的考查"。泰勒认为，"评价过程在本质上是确定课程和教学大纲在实际上实现教育目标的程度的过程"。台湾学者李聪明认为，"教育评价是利用所有可行的评价技术评量教育所期待的一切效果"。德雷斯认为，"所谓评价，就是决定某种活动目的及程序的价值的过程。这个过程，分为目的的明确化、收集有关合适的情报、决策等三个阶段。评价所追求的目的便是为达到目标而最有效地去灵活使用手中的资源"。桥本重治认为，"评价是与教育的目标和价值有明确关系的概念，是按照教育目标和价值观对学生的学习成果及教育计划的效果等进行测量的过程。因此，'评价'概念的重点在于以教育目标为标准的价值判断"。我国学者刘本固通过研究给评价下了这样一个定义："所谓评价，是指按照一定的价值标准，对受教育者的发展变化及构成其变化的诸种因素所进行的价值判断。"

我们认为，教育评价首先要确立一个正确的教育评价理念，从教育的本质和人的本质出发去研究教育评价。教育评价关键要解决评价的目的、评价的对象、评价的内容、评价的途径问题。这四个问题关系到评价的性质。教育评价最终目的是通过评价来促进学生全面而和谐的发展。既然是学生的发展，那么在评价时，影响学生发展的要素就都应予以考虑，所以教育评价的对象不仅仅是学生，还应包括施教者（教师和有关教育工作者）；教育评价的内容也应包括两个方面，那就是施教的质量和受教的质量。所谓"十年树木，百年树人"，只有控制好过程，才能有好的结果。因此，教育评价应主要通过对施教和受教的过程评价来进行，而不是把重心放在结果的评价上。从这个意义上，我们说"全面质量管理理论"和ISO9000质量体系标准把教育视为"服务"，并对"服务"过程（教育服务的提供过程质量和教育服务的接收过程质量）进行评价是很有道理的。这就要求必须转变思想，一是实现由侧重"结果"的评价（回顾性的总结评价）向侧重"过程"的评价转变；二是要实现以学生为主要评价对象向以教师为主要评价对象的转变。注重"结果"和注重"过程"的评价，两者的目的不同，当前最大的误区就是把两者的功能混为一谈了。实现两个转变，这不只是评价方法的问题，更重要的是评价理念的问题，也是教育理念的问题。

综上所述，教育评价是指在一定的教育理念指导下，根据教育目标和教育标准，对施教过程质量和受教过程质量及其相关因素所进行的价值判断的过程。那么什么是教育教学质量的评价呢？教育教学质量的评价就是指，在一定的教育理念指导下，根据教育目标和教育标准，对施教者的教育教学过程质量和学生接受教育过程质量及其相关因素进行价值判断的过程。这里要说明的是：对"过程"的评价，不是忽略结果，恰恰相反，对教育来说，只有过程科学合理，才会结出好的"果子"。"检品已太迟了。如果员工能制造无缺陷的产品，就该废弃检品制度。"看来威廉·爱德华·戴明所说的不无道理。教育评价本身应该采用"过程方法"和"管理系统的方法"来组织进行。

（二）施教者的教育教学质量的评价

教育教学质量应由施教者的教育教学质量和学生的整体发展质量构成，施教者教的质量很大程度上决定着学生学的质量。因此，教育教学质量评价，首先要对施教者的教育教学过程质量进行价值判断，即评价的对象首先是教师和教育工作者的教育教学质量。

1. 评价依据的明确

评价依据是对评价对象的教育教学过程质量及其相关因素进行价值判断的出发点和根据。对施教者的教育教学质量的评价依据包括：管理依据（管理理论、法律法规、管理制度等）；教育依据（教育本质及其规律、教育教学理念、教育方针、教育标准、教学计划、教学大纲等）；方法与技术依据（教育教学方法、教育教学技术与手段等）；结果依据（学生的综合素质水平、学生的满意程度，家长和社会的满意程度等）。

2. 评价内容的确定

评价内容是根据评价依据确定的，即评价什么？本书认为，对施教者的教育教学质量的评价内容应包括下述八个方面：

（1）施教者教育教学理念。教育理念是人们对整个教育和教育现象的理性认识、理想追求及其所形成的观念体系。施教者持有的教育教学理念是指导教育教学的灵魂，是教育教学的指导思想，它始终在自觉不自觉地控制着施教者的教育行为。教育理念的不同会导致对教育的不同认识，从而影响教育方法、教育过程、教育内容与侧重点、教育评价等所有教育活动。因此，对施教者的教育教学质量评价首先要评价其持有的教育理念。

（2）教育教学依据的掌握。教育教学依据是教育教学活动的出发点和根据。在教育教学工作中，施教者是否熟悉和掌握教育教学依据是教育教学能否成功的关键。因此，要对施教者的教育教学理论、法律法规、管理制度掌握程度，教育方针、教育标准、教学计划、教学大纲的理解与掌握程度，对学生的个体差异情况的了解程度等进行评价。

（3）教育教学内容的把握。教育教学内容是体现在课程载体中的知识与信息。如何选择与鉴别教育教学资源，如何科学而系统地组织教育教学资源，如何突出教育教学中的重点与难点，如何贯彻教育教学一体化的原则，既教书又育人等，这些都是作为一名施教者应该具备的基本功。可见，教育教学内容的把握是对施教者的教育教学质量评价的重要内容。

（4）教育教学艺术的运用。教育教学艺术是指，在教育教学中，施教者娴熟地运用综合的教育教学技能与技巧，遵照美学原理和规律而进行的具有独创性的实践活动。其含义有三：一是指在教育教学过程中施教者对普遍的教育教学原理、原则、方法、技能技巧的创造性运用，使其精妙，娴熟，富有个性。二是指在教育教学过程中遵照美学原理和规律，贯彻美的原则而进行的创造性的教育教学，使教育教学具有形象性、情感性，给学生美的享受。教学艺术性越高，美的因素就越丰富，愉悦的教学效果就越能得到实现。三是指在教育教学过程中体现施教者个性而独具特色的艺术创造活动。施教者既要像演员那样，运用语言、身态、表情，融语言表达和形体语言表演为一体，达到理想的教育教学效果；又要像导演那样，运用自己的知识和管理才能去激发学生的兴趣、好奇心和求知欲,满足学生的需要。可见,评价教育教学艺术是十分必要的。

(5)教育教学结构形式的设计。教育教学结构形式是指教育教学的组织结构形式和具体的安排与实施过程,特别是教育教学的课堂结构形式。教育教学环节设计、时间分配,课堂教育教学新旧内容的衔接,施教者与学生的互动情况,课堂教学效率,理论与实践的结合程度,这些都是应该予以评价的内容。

(6)教育教学方法的采用。教育教学方法是指施教者在教育教学工作中采用的方式和方法以及使用的工具与手段。形式是否活泼多样,方法是否得当得体,是否注意到了个体差异,是否调动起了学生的积极性,教与学的关系处理得是否合理,是否突出了"过程方法",组织教育教学是否自然和谐,采用的现代教育技术手段和工具是否得当有效等等,这些都是对施教者教育教学质量的评价指标。

(7)教育教学管理能力。教育教学管理能力是指施教者运用管理学理论知识解决和处理教育教学中出现的问题的能力,以及处理突发事件的能力和应激能力。如何实现对教育教学的有效管理,特别是对课堂的驾驭与管理,这是一个施教者管理能力的集中体现。能否根据全面质量管理理论,通过建立质量管理体系,为学生的成长与发展创设、提供一个良好健康的、动态适宜的环境,这的确是需要一定的管理水平和本事的。可见,教育教学管理能力是一个重要的评价指标。

(8)教育教学总体效果。教育教学的总体效果是指通过具体的教育教学活动和管理工作所达到的预期目标和整体水平。这里包括两层意思:一是施教者教育教学和教育教学管理工作,即"教育服务"工作所达到的预期目标和整体水平;二是学生通过施教者的教育教学和管理工作,即接受"教育服务"后所收到的效果和满意程度。毋庸置疑,对教育教学总体效果的评价应该包括三个指标:一是施教者的教育教学和管理的过程效果;二是学生的综合素质的发展水平;三是学生对教育教学活动和管理工作(即教育服务)的满意程度。

3. 评价方案的制定

对施教者进行教育教学质量评价,首先应制定评价方案。评价方案是指在评价活动实施之前,对评价工作从整体上进行计划和安排,并以文件的形式将计划和安排呈现出来,作为评价的纲领性和指导性文件。一般来讲,对施教者进行教育教学质量评价的实施方案应包括以下内容:评价指导思想、评价依据、评价目的、评价原则、评价标准、评价对象、评价范围与内容、评价方式与方法、评价抽样方法、评价技术手段和工具、评价步骤与过程、评价时限、评价人员结构与分工等。制定评价方案是评价活动得以成功的前提和条件。

4. 评价方案的实施

从某种意义上讲,对施教者的教育教学质量的评价,就是评价方案的实施过程。高等学校教育教学质量评价是一个十分复杂的问题。根据博尔顿的观点,评价活动可分为三个相对的阶段：①评价的计划阶段，包括分析具体的情境、确定评价的准则、制定具体的目标、决定测量过程中所采用的手段以及最终要达到的结果；②信息的收集阶段，包括控制和测量特定的活动，并获得测量结果；③信息的使用阶段，包括信息的理解、分析和交流以及下一轮评价要采取的步骤和发展的目标。根据博尔顿的观点，评价可以从平时的常规评价和学期期末综合性的整体评价两个方面来考查。无论是平时的常规评价还是学期期末综合整体评价，评价都由四个阶段组成：一是前期准备阶段；二是中期实施阶段；三是后期总结阶段；四是末尾改进阶段。前期准备阶段十分重要，它是评价活动成功的先决条件。要按《评价方案》的要求，重点做好人员安排，使参评人员职责明确，做好软硬件设备和条件的准备工作，做好服务保障工作安排等。中期实施阶段是评价活动的中心环节，这里要注意五点：一是要把评价的重点放在对施教者教育教学和管理过程（即教育服务过程）上，主要是对"过程"的质量及其相关因素进行价值判断；二是对学生的综合素质的发展水平的评价，对学生的"满意度"评价，其目的是了解与评价施教者的"教育服务过程"质量情况；三是把评价重点从对学生转移到对施教者的评价，这是评价理念的变革，是实施"以人为本"的全面而和谐发展教育的前提条件；四是"十年树木，百年树人"，对人才培养来说，控制"过程"要比控制"结果"更明智，更重要。五是"诊断性评价""形成性评价""总结性评价"等评价形态要灵活使用。对施教者的教育教学质量的评价一般多采用考核评价形式。后期总结阶段，是找问题、挖根源阶段，其目的只有一个，那就是为了改进，为了提供更好的"教育服务"，从而把学生培养成全面而和谐发展的人类文明的推动者。末尾改进阶段是根据总结阶段发现的问题，制定切实可行的改进方案，并予以全面落实。我们说，"评价"是手段，持续改进是目的，而为学生提供优质的"教育服务"是目标。这里要说明的是，高等学校如果已经建立了"质量管理体系"（全面质量管理体系或ISO9000标准质量管理体系）的话，要严格按照质量管理体系要求进行。通过运行"程序文件"和执行"作业指导书"来实现对施教者的教育教学质量的评价。

（三）学生的整体发展质量的评价

教育教学质量评价由对施教者教育教学质量的评价和对学生的整体发展情况的评价组成。那么两者关系如何？对学生的整体发展质量的评价都有哪些内容？学生的整体发展质量的评价的实质作用是什么呢？下面予以讨论。

1. 学生的整体发展质量评价的实质

学生的整体发展质量的评价是指，在教育教学活动中，对学生接受教育教学过程的质量和各项素质指标发展结果及其相关因素进行价值判断的过程。我们说，无论是评价哪一级或哪一个过程的教育教学质量与结果，都必须从两个方面来考虑：一是对教育服务的提供质量的评价（即对施教者教育教学质量的评价）；二是对教育服务的接收质量的评价（即对学生的整体发展情况的评价）。也就是说，既要评价"教"和"育"过程的质量，又要评价"学"和"得"的过程和结果质量。评价前者更为重要，因为学校的重要工作和中心工作是教育教学，因而"教"和"育"的质量才应是评价的主要内容；而对"学"和"得"的评价，只是通过评价了解"教"和"育"的不足，从而不断改进"教"和"育"的质量，以便最大限度地满足学生各方面素质发展的要求。

纵观我国的教育评价史，再看我们现在的教育教学评价实践，不难发现，我们总是只盯着学生打圈子。只重结果不计过程的评价，花样翻新，层出不穷。上课时老师自觉不自觉地总是想始终处于主体的位置，而评价时却主要盯着学生，这是一个极大的误区！传统的评估与评价观念和做法，已经成了教育改革与发展的拦路虎和绊脚石，是到了必须改革的时候了。

总之，必须转变思想，树立科学的评价观。要知道，评价的对象和重点不应再是学生和学生的知识及能力水平，而是教师（包括所有学校教育工作者）和"教育服务"提供过程的质量。当然，这里对学生和学生的知识能力等指标的评价只是评价学校"教育服务质量"的一部分。树立"教育服务质量的评价观念"是实施以人为本的全面发展和谐教育，培养"具有创造性、学会学习、个性化和可持续发展的完整的人"的保证。

2. 学生整体发展质量评价的内容

学生整体发展质量评价的内容，从个体发展角度包括德、智、体、美、心理素质等诸方面素质的发展质量；从课程学习的角度讲，包括学生的专业课的学习、公共（或共同）课程的学习、通识课程的学习的质量。具体应该包括以下四个方面：

（1）道德素质的评价。在高等学校教育教学中，学生的思想道德素质的培养主要是通过教育教学活动，特别是通过"公共课"中的哲学课程、政治理论课程、伦理道德课程、心理健康教育课程等来实现的，同时通过有意识地设计和控制隐性课程来达到最佳的效果。但学生思想道德教育素质的形成是受多方面因素影响的，因此家庭、社会影响的一致性也十分重要。评价内容一般包括：思想观念（如：理论与课程的学习、政治态度、是非观念、进步表现等）、道德品质与行为（是非荣辱观、法律法规意识、集体观念、举止言行等）、个性品质（心理品质、个性特征等）等。

（2）智力素质的评价。学生的智力素质教育的培养主要是通过"专业课程""公共基础课"和"通识课程"的实施来进行的。评价的主要内容包括：思维水平（思维敏捷程度、思维定式与方式等）、学科成绩（专业学科、公共学科和规定的"通识学科"的学习过程和结果）、创新能力与水平（独立思考习惯、批判怀疑态度、兴趣广泛程度等）、科研与创新成果（科研方法的掌握、逻辑思维与写作能力、成果水平等）等。

（3）身体素质的评价。身体是知识、能力等的载体，是一切的本钱。高等学校学生身体素质的培养主要通过体育课、体育活动、运动会、体育比赛、广播体操、自我锻炼等形式进行。这里要指出的是，近年来高等学校普遍存在着忽视体育素质培养的倾向，许多学校甚至取消了必要的体育课、削减了体育活动课，这是明显不符合党的教育方针和人的全面发展要求的。身体素质的评价应包括：对待健康与卫生的态度、参加体育活动的积极性、锻炼身体的习惯、体育知识与素质水平、个体体质（身体素质与运动能力、心理水平与适应能力、身体形态发育与生理机能水平等）。

（4）审美素质的评价。审美素质的评价是在一定的美学标准指导下，运用科学正确的方法，对学生的审美观点（知识）、审美情趣、美的鉴赏力、表现力、创造力等进行测验评定。美的内容广泛，包括自然美、社会美、艺术美等多种表现形式。对美的感受、鉴赏、表现、创造等构成了人的审美素质。良好的审美素质，是全面而和谐发展的社会公民的必备条件。审美素质评价的内容包括：美学知识、感受美的能力、鉴赏美的能力、美的表现力、美的创造力以及对自美、社会美、艺术美等诸多美的形式的态度和兴趣。

3. 学生整体发展质量评价的实施

评价学生整体发展质量实际上就是对学生的"学"和"得"的过程和结果质量的评价，是教育教学质量评价的组成部分。学生整体发展质量的评价，首先要制定评价方案。评价学生整体发展质量方案的制定同施教者的教育教学质量评价方案的制定，这里就不加赘述了。对学生整体发展质量的评价，也要从两个方面入手，即"学生的'学'和'得'的过程"质量和"学生的'学'和'得'的结果质量"。这可视具体情况，灵活采用诊断性评价、形成性评价、总结性评价等评价形态。对学生的整体发展质量评价一般根据教学计划、教学大纲和教育标准（若有的话）结合评价方案进行。

对学生整体发展质量评价一般采用考试与考核相结合的形式。考试是评价的工具和手段。考试的种类很多，按照考试的功能划分，可分为学业考试、诊断考试、水平考试、学能考试；按考试的方式划分，可分为客观性试题考试、主观性试题考试。采取哪种考试方式要具体情况具体分析。一般来讲，评价"过程"时，用考核的形式；评价"结果"时，用考试形式。已经建立了"质量管理体系"（全面质量管理体系或ISO9000标准质量管理体系）的高等学校，要严格按照质量管理体系要求进行。通过运行"程序文件"和执行"作业指导书"来实现对学生整体发展质量评价。必须强调的是，对学生整体发展质量评价是教育教学质量评价的组成部分，通过评价是为了了解"教"和"育"的不足，从而不断改进"教"和"育"的质量，以最大限度地满足学生各方面素质发展的要求。它不同于高考类的评价，也不能把它演绎成高考类的评价，因为高考是选拔式的考试和评价。

4. 学生整体发展质量评价的作用

评价不是目的，而是一种管理手段。对学生整体发展质量予以评价，不是为了把学生分成三六九等，而是为了查找施教者教育教学工作中的不足，并结合对施教者的教育教学质量的评价结果来改进教育教学质量。概括起来讲，对学生整体发展质量评价的作用有以下几个方面：

（1）就学校而言，有利于学校改进教育服务质量。马克思在《剩余价值理论》中指出，"教育劳动（即教育活动）是一种提供'服务'性的劳动""在这种服务中，完全不包含劳动和资本的特殊关系"。世贸组织（WTO）和国际标准化组织（ISO）的ISO9000体系标准都把教育视为"服务"。教育的根本目的是育人，为了帮助人很好地进行社会化。对学生整体发展质量评价，可验证教育教学管理体制、课程设置、教材体系以及施教形式与方法的合理性，以便及时调整改进，从而持续不断地满足学生的发展要求。

（2）就施教者而言，有利于提高教育教学质量。通过对学生整体发展质量评价，一方面施教者可以较为详尽地了解到每位学生德、智、体、美等诸方面的具体发展情况，据此更好地因材施教；另一方面，对学生整体发展质量评价，是评价和衡量施教者的教育教学质量的一部分，通过评价结果可了解验证教育教学效果，从而反思教育教学内容、目标、方法、手段等，并予以调整和改进，以便提供最优质的教育服务。

（3）就学生而言，有利于学生全面而和谐的发展。通过对学生整体发展质量的全方位的评价，能使学生及时全面地了解和认识自己的优、缺点和自己的综合素质水平，以便确定今后的努力方向。对学生整体发展质量评价，还能够提高学生对教育评价功能和作用的认识。比如，能使学生认清选拔性的评价（比如高考）同注重于"过程"的整体素质评价的不同，从而正确认识和处理全面发展的学习与参加一些选拔性的评价考试的关系。

（4）就家长而言，有利于家长了解孩子情况和提出意见、建议。根据世贸组织（WTO）和国际标准化组织（ISO）的ISO9000质量体系标准，本书认为学生是学校的"顾客"，家长是学校的"间接顾客"。学校通过提供优质的教育教学服务来直接满足学生各方面素质的发展要求，从而间接地满足家长要求。一方面，通过对学生整体发展质量评价，家长能及时了解到孩子在学校诸方面的发展情况，以及学校和施教者的教育教学情况，以便调整家庭教育方向；另一方面，家长可根据学生整体发展质量评价的结果以及了解到的情况提出意见、建议，共同为学生的全面而和谐的发展出谋划策，从而为教育教学质量的提高发挥重要作用。

二、教育教学质量的控制

质量控制是对影响质量的因素施加干预，使质量向理想的方向发展。教育教学质量的控制，是指在对教育教学质量评价与测量的基础上，将实际质量结果同教育教学质量标准进行对比，找出差异并采取调节措施的过程。教育教学质量的控制要通过建立质量管理体系（或质量控制体系）来完成。目前，我国高校教育教学质量的控制主要是以常规的行政管理模式进行的。这种对教育教学质量的控制，实际上只是教育教学的常规的教务管理，而不是真正意义上的教育教学质量的管理和控制。

（一）教育教学质量控制要求

教育教学质量控制，由教育教学质量分析和教育教学质量控制两个方面组成。质量分析是实施质量控制的前提和依据；质量控制是要达到的目的。

1. 质量分析

教育教学质量分析可分为状态分析和因果分析两种类型。状态分析是对质量现有状态的初步分析和判断，带有描述的性质；因果分析是对影响质量的原因进行分析，带有推断的性质。

状态分析又可以划分为特征分析、比较分析和综合分析。特征分析是对施教者的工作质量和学生的综合质量的某些项目特征指标所作的分析，特征分析可使问题一目了然；比较分析是以现在的质量状况相对于某一质量水平所进行的比较，其目的是要判断被比较者质量状况的相对水平或其发展趋势；综合分析是根据某一综合指标对质量进行的总体性的分析，这种分析对整体情况的把握是必要的。

因果分析是追根求源的分析。学校教育教学质量分析，一般要从影响质量的六个因素入手：一是施教者；二是学生；三是课程与教材；四是条件与设备；五是管理理念与模式；六是整体环境。本书认为对教育教学质量的因果分析，要将上述六个因素综合起来考虑。

2. 质量控制

教育教学质量控制要注意下述几点：①确定和把握质量警戒线。警戒线是规定的教育教学质量的最低标准线。如果质量统计和分析表明质量已低于这个标准线，就说明教育教学质量的某个方面出现了危机，应该采取措施予以控制和改进。②预测和选择控制对象。这里包括两层意思，一是预测那些可能出现问题而影响质量的因素加以提前控制；二是选择当前亟待解决的问题和那些影响教育教学质量提高亟待解决的因素进行有效控制。若建立了质量管理体系，则通过启动"预防措施控制程序"和"纠正措施控制程序"来实现。③测量分析控制对象。首先，针对要控制的对象，选择测量手段；其次，针对不同性质的质量原因，采取不同的对策。对偶然因素（或者说"急性事故"）与系统原因（或者说"长期性事故"）要分别制定控制对策予以解决。④采用"过程方法"控制。在教育教学实施的过程中，通过标准化和规范化管理，对"过程"每一个环节质量予以控制。"育人"是一个复杂而系统的工程，从某种角度讲，控制"过程"比控制"结果"更为重要。⑤建立质量体系进行控制。质量管理体系是最有效的教育教学质量控制手段，特别是"全面质量管理体系"和"ISO9000标准质量管理体系"。建立质量管理体系能实现对教育教学质量的全方位的科学而有效的控制。

（二）教育教学质量控制体系

质量管理体系是指在质量方面指挥和控制组织的管理体系（或系统）。一个组织的管理体系可包括若干个不同的管理体系，如质量管理体系、财务管理体系、环境管理体系等。教育教学质量管理体系是指在教育教学方面指挥和控制教育教学组织的管理体系。

1. 建立质量管理体系的必要性

学者赵中建认为，"在全面管理理论推广至学校领域后，教育被看作是一种'服务'，而学生则是学校教育的最主要'服务对象'，学校的各项工作就构成了一种服务链，一环服务一环，最终由教师将一种优质的教育服务提供给学生。从教育全面质量管理的本质和内涵看，它可以成为今日学校实现素质教育目标的一种十分有效的途径，而它的具体落实又与一种完善的质量体系分不开。因此我们认为，依据ISO9000的思想来建立符合学校实际的质量管理体系，同时引入教育全面质量管理的思想并付诸实践，有助于学校建立起一种质量保障体系并真正形成'以学生发展为本的教育'"。质量管理体系是通过建立完备的组织管理系统来实现对教育教学质量监控的，这就避免了行政管理监控的随意性和不系统性。质量体系（或质量监控体系）能实现对质量的真正意义上的控制，因此建立质量监控体系十分必要。

首先，质量管理体系能为教育教学质量管理的规范化和科学化提供可靠的保证。以建立 ISO9000：2000 质量管理体系为例，它能提供持续改进的框架，以增进顾客和其他相关方满意的机会。质量体系还就组织能够提供持续满足要求的产品，向组织及其顾客提供信任。ISO9000：2000 质量管理体系标准是用来建立、保持和改进质量体系的，而质量管理则是通过建立质量体系来实现的。学校运用 ISO9000：2000 质量管理体系标准，不是用"标准"来管教育，而是通过建立学校标准质量管理体系来实现学校教育教学的质量管理，而学校的各个管理子系统在尊重教育规律的前提下，都可以被纳入整个体系中运行。其次，质量管理体系能实现对教育教学质量的有效控制。质量管理体系是通过建立一系列文件系统来实现对质量的控制。以建立 ISO9000：2000 质量管理体系为例，它是通过建立一系列文件系统来实现的。质量体系的表现形式是文件体系。也就是说，通过对每一个过程的分析，明确各项活动的输入、输出关系后，制定程序文件、支撑性文件、技术规范、岗位职责、质量记录来实现对每个过程的指挥与控制。

还有，质量体系的运行机理与高等学校教育教学管理是一致的。高等学校教育教学管理原来的目标管理模式工具经过同质量体系兼容性改造后，都可以变成标准质量管理体系文件的一部分。由此可见，高等学校教育运用 ISO9000：2000 质量管理体系标准，建立质量管理文件体系也不像人们想象的那样"工程浩大"和难以企及。实际上，可以把它看成是高等学校教育教学管理规范化的上品位或升级。

最后，质量体系能最大限度地实现组织功能。运用ISO9000：2000质量管理体系标准建立起来的质量管理体系，是组织质量管理体系，既有组织保障，又有制度保障，能最大限度地实现组织功能，从而实现对教育教学质量的全面而有效的控制。

2.质量管理体系控制

建立教育教学质量管理体系，实际上就是建立起一个教育教学质量监控系统，这个系统一般由四个层次构成，不同层次负有不同的职责：第一层是学校教育教学管理系统的决策人，其职责是制定教育教学的质量方针和质量目标，定期检查各个职能部门落实质量目标情况等；第二层是教育教学管理机构，它是代表校长行使教育教学行政管理的职能部门（教务处和教育教学督导处等），其职责是负责教育教学常规事务管理工作等；第三层是教育教学质量管理机构（"质量体系管理办公室"或"教育教学质量监控中心"）这一机构，一般来讲直接由校长授权的管理者代表领导，其职责是在管理者代表的直接领导下，具体负责学校的教育教学质量的管理工作和"质量体系"的维护与管理工作；第四层是学生、家长和社会，学生是教育服务的接收者，在"全面质量管理体系"和"ISO9000标准质量管理体系"中被视为"顾客"，家长和社会被视为间接的"顾客"，学校的最终目的就是让顾客满意，因此学生承担着教育教学质量评判和监督的职责，家长和社会对教育教学质量的评价与意见对质量的监控也有着十分重要的意义。

还是以ISO9000标准质量管理体系为例，它实际上是一种文件化的管理体系。也就是说，高等学校教育教学质量管理是通过严格而规范的文件体系来实现的。我们知道，是组织，都客观地存在着自己的管理活动，管理方式、方法和途径，都有自己的管理系统和一套规章制度。这实际上就是一种质量管理体系的形式。所谓建立ISO9000标准质量管理体系，实际上就是按ISO9000质量管理体系标准的要求来改造和规范现有的质量体系，使之满足质量管理和为顾客提供信任的需要。所谓文件化管理体系，就是要求将组织已建立的质量管理体系以文件形式表达出来，形成一套书面（也可以是电子介质载体等）的体系文件，并以此作为质量管理体系运行的准则及其运行状况审核的依据。可见，高等学校教育教学质量管理，就是按照ISO9000质量管理体系标准规定的要求，建立起ISO9000质量管理体系并以文件化的形式将标准质量管理体系表述出来，以此作为标准质量管理体系建立和运行的依据。按照ISO9000质量管理体系标准的要求，组织应编制不同类型的文件。整个文件系统包括《质量手册》《程序文件》《支持性文件》（包括"业务指导或作业指导书""岗位职责""技术规范""质量记录"等）。"说到的必须看到，看到的必须做到，做到的必须有效"，这一准则能实现对质量的全方位控制与管理。ISO9000质量管理体系的质量控制是通过启动"纠正措施控制程序"和"预防措施控制程序"来实现的。

目前，我国的许多高等学校都在探讨建立学校教育教学质量管理体系。如上海师范大学建立了"教学质量监控体系"，山东大学建立了"高等学校教学质量监控体系"，合肥工业大学建立了"高校教学全面质量管理与全面质量监控体系"。青岛远洋船员学院、大连海事大学、上海海事大学、集美大学航海学院、舟山航海学校、武汉交通科技大学、国防科技大学计算机学院、哈尔滨工业大学科学与工程研究院、浙江大学城市学院、山西国际商贸学院、河北大学、中国农业大学后勤系统等高等院校（所）、东华理工大学后勤服务集团等许多高校纷纷建立了ISO9000：2000标准质量管理体系。质量管理体系的建立确保了教育教学质量的持续改进和提高。

三、教育教学质量的持续改进

教育教学质量的持续改进，是指不断地使教育教学质量水平达到新高度的过程。这里有两层含义：一是"制定改进目标和寻求改进机会的过程是一个持续的过程"，即不断改进也是一个持续的过程；二是教育教学质量水平应是一个不断向新的高度攀升的过程。上面讲的质量控制，主要是消除质量差异，使实际的教育教学尽量贴近质量标准，而教育教学质量的持续改进主要是针对质量差异和长期存在的质量问题，采取措施从根本上改变现状，使教育教学质量螺旋式上升，不断走向"新的台阶"。

（一）教育教学质量持续改进过程

"持续改进"本身就是一个持续的过程，教育教学质量持续改进过程由下述几部分构成：①落实组织责任，增强质量意识。教育教学质量关系到高等学校工作的全局，因此必须做到组织落实，已建立质量管理体系的学校，质量工作由"质量体系管理办公室"或"教育教学质量监控中心"来负责实施；没有建立质量管理体系的学校要建立相应的机构，具体负责质量工作。教育教学质量意识是指人们对教育教学质量的正确理解和判断以及做好质量工作的自觉性。在组织落实的同时，必须采取措施，提高施教者的教育教学质量意识，这是做好质量工作的先决条件。②搜集信息资料，论证改进对象。通过信息资料的搜集、分析，对那些有可能影响教育教学质量的因素要加以进一步的论证。若通过论证，证明的确在影响部分或全局教育教学质量，这说明该因素（问题）已经成为制约教育教学质量进一步提高的"瓶颈"，因此必须坚决改进。当然，改进既要进行"成本核算"，又要坚持"不惜血本"。③制定改进目标，寻求改进机会。制定改进目标和寻求改进机会的过程是一个持续的过程，该过程使用审核发现和审核结论、数据分析、管理评审或其他方法，其结果通常导致纠正措施或预防措施。通过审核发现和审核结论、数据分析、管理评审等方法，从造成教育教学质量事故的诸多原因中找出关键因素，制定改进目标。要分清主次和轻重缓急，确定予以改进的适时机会和时间表。④明确问题归属，制定改进措施。改进目标确定后，要分清导致教育教学质量事故因素的性质和渊源，制定一个切实可行的改进措施（启动纠正措施程序）和防止再次发生的预防措施（启动预防措施程序），予以改进。⑤树立"过程"意识，持续提高质量。教育教学质量改进是一个持续的、循环往复、永无止境的过程，必须树立这一观点。只要有教育教学质量活动，就必然会有这一循环往复的过程，也只有这样才能确保教育教学质量不断从一个"新台阶"走向另一个"新的台阶"。

（二）通过建立质量管理体系来改进质量

通过建立质量管理体系来改进质量，不同于传统的质量改进。传统的质量改进针对的是"要改进的对象"，即对"对象"本身的改进，而通过建立质量管理体系来改进质量，则是通过持续改进组织的管理功能来实现对教育教学质量的持续改进。下面以ISO9000标准质量管理体系为例予以说明：

根据ISO9000：2000标准8.5.1条款的要求，组织应持续改进质量管理体系，组织应利用质量方针、质量目标、审核结果、数据分析、纠正和预防措施以及管理评审，持续改进质量管理体系的有效性。ISO9000质量管理体系的质量持续改进是通过启动"纠正措施控制程序""预防措施控制程序"和"持续改进控制程序"三个"程序"来实现的。按照ISO9000质量管理体系标准要求，"持续改进"要求把分散在学校各部门、各环节的质量保证活动联结起来，为保证和提高教育教学质量而互通信息，协同运作，组成一个高效、严密的质量保证有机整体，并且始终按照计划实施、检查、处理，即PDCA戴明循环周而复始地运转。一个循环完成以后，你必须要决定何处需要开始你下一回的改善。要完成这个目标，你应该看一看这个流程或其他许多流程的差距。也许在同一流程上改善，你能得到最大的收益呢！

在高等学校质量管理体系运行中，任何一个子系统管理过程中出现问题而影响教育服务质量、降低学生满意程度的，都应及时予以纠正，同时要采取避免再次发生的措施并保留采取措施的记录。在高等学校质量管理体系运行中，由于情况的变化、条件的更新、观念的进步、政策的变更、技术的发展以及方法的改进等，子系统的内容、环节、过程、方法等会随之变化或调整，或再作进一步的完善。这本身就是子系统的持续改进，当然也是学校标准质量管理体系的改进内容。与传统的质量管理相比，ISO9001标准质量管理体系特别注重内部审核和外部审核。在体系运行过程中，做与不做，做好与做坏，其证据就是质量记录，而检查的手段就是审核。审核出来的不符合项目标准的，要限期纠正，并采取预防措施，防止再次发生。审核中，如果发现不符合文件要求的情况，立即要求当事人加以改进，如果是文件规定得不合理，则修改体系文件，避免重蹈覆辙。每次通过审核，广大施教者执行质量管理体系文件的自觉性会不断增强，教育教学工作质量也会随之明显提高。

第五章 现代高等学校学生管理

第一节 高校学生管理内容

根据新修订的《普通高等学校学生管理规定》规定：高等学校学生管理是对大学生入学到毕业在校阶段的管理，是对学生的学习、生活、行为的规范，包括德育管理、学习学籍管理、课外活动管理等。

综合分析近年来的研究成果，高校学生管理的内容应当按以下几个方面来确定：一是按照大学生自身的活动形式，可划分为学习管理（包括课堂学习管理和课外学习管理）、生活管理（包括食堂生活管理和宿舍生活管理等）和行为管理。二是按照受教育内容，可分为德育、智育、体育等方面的管理。三是按管理方式，可分为自我管理、班级管理和行政管理。下面主要介绍大学生管理五个方面的内容：

一、德育管理

德育管理是高校十分重要的管理工作，它是组织、协调和控制德育在高校有效实施的过程，是学校按照一定要求，根据大学生身心发展的特点和品德形成规律，有目的、有计划、有组织地对受教育者在心理上施加系统的影响，把一定的思想和道德转化为个体的思想品德的过程。其内容主要包括：爱国主义教育、集体主义教育、理想教育、辩证唯物主义教育、文明礼貌教育、诚实守信教育、遵纪守法教育、劳动教育等。

二、学习和学籍管理

学习管理是对大学生智育活动进行计划组织、协调、安排、控制的总称，它是学校按照一定的专业教育标准，有目的、有计划地对大学生进行专业教育，使其具有专业知识和技能，从而培养成为社会主义现代化建设合格人才的过程。大学生学习管理的内容包括学习知识的管理、培养技能的管理、开发智力的管理等方面，这几种管理都是教学管理的主要任务。从现代管理学的角度来看，比较先进的管理法有：一是目标管理法，就是通过制定目标，做到全局在胸、有的放矢、上下协调、有条不紊的管理方法；二是程序管理法，就是按照决定、执行、审查、总结四个阶段做好管理工作的方法；三是规范控制法，学生管理活动是思政干部与学生协同努力达到对学生有效管理的过程，因此，必须制定一系列规范的管理制度以组成高效的实施保障体系，包括学生学习、生活、工作等有关制度。

学籍管理就是对取得学习资格的学生，从入学注册，成绩考核与记载，升、留（降）级，转系（专业）与转学，休学、复学、退学，奖励与处分，毕业与毕业资格审查等方面，按照党的教育方针、教育自身规律以及学生身心发展特点，制定出规章制度，进而实施的管理。学籍管理的主要任务是抓好三个关键性环节，即学生从入学到毕业过程间的新生入学审查关、学习过程的考核关和毕业资格的审查关。成绩管理主要包括对大学生学习进行考试、测验、考核、考查、考察成绩的评定和管理，并以此了解和掌握教师的教学质量和学生学习情况，从而发现问题并据此采取措施改进教学，激发学生学习的积极性。它既是进行教学评估的一项重要指标，又是对教学效果、学生学习效果做出价值判断的重要手段和提供教学活动所需信息的基本途径。

三、生活和行为管理

生活方面的管理是大学生管理工作的重要内容。搞好生活管理，对体现党和政府对学生的关怀，保护学生的身心健康，建立正常的学习、生活和工作秩序，培养大学生的优良品德和文明习惯，实现学校的培养目标，都有不可忽视的作用。大学生生活管理，应当包括对大学生在校期间的一切生活活动的管理：饮食起居、卫生健康等方面生活的管理。这些管理工作都是为大学生提供优质生活服务，以促进其良好习惯的养成。

大学生行为管理是对大学生的日常行为进行指导、监督、检查及纠正的管理。对于一些足以影响学生品德形成的突出问题，必须引起高度重视，并及时采取有效措施，以保证大学生的健康成长。

四、体育与卫生管理

体育管理是高校教学管理的重要组成部分，它是学校对大学生体育活动进行计划、组织、协调、控制的总称，是高校组织、指导学生按照一定的体育锻炼标准，有目的、有计划、有组织地对大学生进行体育教育和锻炼，从而造就大学生健康的体魄，以应对大学生在校紧张的学习和日后工作需要的过程；是在遵循学生身心发展规律、教育规律和学校体育管理原则的基础上，以尽可能少的人、财、物、时间、信息的投入，采用最佳手段和方法，以获得最佳体育效益。

卫生管理是高等学校管理工作的重要组成部分。大学生卫生管理包括大学生作息制度卫生、教学卫生、课外活动卫生、体育锻炼卫生、学校环境卫生、教学设备卫生、膳食卫生、供水卫生、住宿卫生、心理卫生、健康检查、疾病预防、卫生宣传等工作的管理。

五、活动管理

活动管理是与课外活动相适应的管理工作，包括校内的课外活动管理和校外活动管理，它是现代高校学生管理的一个重要组成部分。在对大学生进行课外活动管理的时候，要控制其导向，使其以下目的服务：一是培养和发展大学生的兴趣、爱好，发挥每一个人的特长，发现和培养各种合格人才；二是提高大学生的思想政治觉悟，为大学生的科学世界观形成和共产主义道德品质奠定基础；三是巩固、扩展课堂教学的知识，促使知识向能力的转化；四是提供人际交往的机会，增强大学生适应社会的能力，促进其社会化；五是丰富大学生的精神生活，陶冶高尚情操。

此外，高等学校大学生管理工作还包括其他学生工作管理：共青团工作管理、学生会工作管理、大学生社团工作等方面的管理。总之，高等学校学生管理的内容十分丰富，其管理方法多种多样。学生管理是高等学校管理工作中必不可少的重要组成部分，是学校培养合格人才的必要条件。通过正规而有效的管理使学生养成良好的学习习惯、生活习惯和行为习惯，具有基本的自立能力、自治能力、独立生活和工作的能力，使学生愉快地学习、健康地成长，成为社会主义事业的建设者和接班人。

第二节 高校学生管理原则

根据教育部2005年新修订的《普通高等学校学生管理规定》（以下简称新《规定》）第三条规定："高等学校要以培养人才为中心，按照国家教育方针，遵循教育规律，不断提高教育质量；要依法治校，从严管理，健全和完善管理制度，规范管理行为；要将管理与加强教育相结合，不断提高管理水平，努力培养社会主义合格建设者和可靠接班人。"结合高校学生管理工作实践，高校学生管理应遵守如下原则：

一、"以人为本"的原则

新《规定》对旧《规定》在诸多方面进行了重大政策性调整，体现了人性化和规范化特点，代表了学生管理工作民主化、法制化、科学化发展趋势；强化了高校工作以人为本、以学生为主体的管理原则；进一步确立了依法治校，维护学生合法权益的管理准则；明确了学校和学生各自的权利与义务，规范了处理违纪处分的标准、程序、内容，建立了有效保护学生权益的救济制度；为促进大学生身心健康，实现德、智、体等全面发展提供了制度依托和法律保障。

（一）正确处理管理与服务关系

管理与服务，两者既有区别又相互联系。

（1）两者的区别。首先，是含义不同。管理，顾名思义就是管辖和治理，是人类组织社会活动的一种最基本的手段，是为达到预定目标的行动过程。服务，则是为集体或为他人工作，不以实物形式而以提供劳动的形式满足他人某种特殊需要的行动。其次，是服务客体不同。高校学生管理是一门科学，它在实现共同目标的全过程中，采取了有目的、有组织、不断进行协调活动的科学手段和方法，并通过领导决策、目标管理、计划组织、指挥执行、协调控制等方法，解决好学生与学生工作部门及思政干部之间、学生工作部门与其他部门之间、学生与学生之间、上下级之间的关系。高校学生管理的服务客体是高校学生。再次，是性质不同。管理是行政行为，而服务则是福利型、非营利型的活动。管理更多地体现在制度建设和宏观调控方面；服务则是最基层、最实在、最直接，体现管理的效果。

（2）两者的共性。高校学生管理工作具有服务与管理两种功能。在管理和服务过程中，通过科学的管理、优质的服务，履行育人职责。在工作中既千方百计地搞好服务，满足全体学生学习、生活、工作等方面正当的基本需要，又进行严格管理，维持良好的环境和正常的秩序，维护学校的安全稳定，促进学校的发展，保证学校育人工程的实现。

管理与服务在某些方面确实存在矛盾的一面。严格的管理有时候会导致服务不到位，而偏离原则的细致入微的服务，有时候会导致管理无章可循。管理与服务必须坚持的原则主要有：

（1）服务为先，管理跟进原则。高校学生管理工作是学校教学、科研及学生学习、生活、工作的重要保障。它的工作性质决定了它具有管理与服务的双重职能。要管理好，必须先服务好。服务是前提，是完成管理目标的第一要素。在一定意义上说，服务好了，人心就稳定了，管理的措施得以落实，管理也就上去了；相反，没有服务好，学生有抵触，还谈什么管理。服务为先，管理也要跟进。总体来说，管理要突出服务，管理的目的是为了更好地服务，管理本身也是服务。

（2）互不代替原则。有人认为只要把服务工作做好，就不需要管理，这是不行的。服务不能违反原则，不能以个人意志为转移，不能偏离管理权限，不能把它作为人际交换的筹码，不能把资源的浪费抵换少数被服务对象的欢愉，更不能代替管理。否则，会制约学校事业的发展，不利于广大学生素质的全面提高。作为管理，它是根据管理的权限，制订一系列有关制度、规章和办法，并在日常工作中加以实施，既做到能够满足管理权限内的运作正常,又不造成资源浪费,使一些不必要的东西通过管理手段得到有效控制,达到既定目标。管理涵盖着服务,服务是管理实施操作过程的具体化。所以服务不能代替管理,管理也代替不了服务,既要管理又要服务,既要服务又要管理。

(3)服务与管理并重原则。服务与管理是学生管理工作的手段和途径,是互相联系,没有轻重之分的,要齐头并进。该服务的积极服务,该管理的严格管理,在服务中管理,在管理中服务,做到服务育人,管理育人,尽量做到服务与管理的完美结合。

(二)树立平等的观念

在高校与大学生之间既存在不平等的行政法律关系,也存在平等的民事法律关系,特别是大量的合同关系。学校与学生都具有"双重"身份,在行政法律关系中,是行政主体和行政管理相对人的关系,在民事法律关系中是平等的民事主体关系,因此,高等学校及其管理者必须注意在不同场景下的角色转换,切实树立平等的观念,正确定位,防止处处以管理者自居,突破权力边界,以行政关系替代合同关系,从而影响学生合法权益。

(三)在平等的理念中渗透合同意识

高校与其学生的平等关系主要存在于民事法律关系领域,其中主要是基于合同关系而建立的民事关系,因此,高等学校应当厘清在哪些方面与学生存有合同关系,并根据高校与学生合同的特点,从合同的订立到履行都进行规范操作,提高合同风险的防范能力。若一旦发生合同纠纷,应选择最佳方案,以最小的成本转移、化解合同风险。如在制作招生简章时,应视其为合同的一部分,坚决杜绝不实之词,避免合同欺诈。在出现合同纠纷后,不能假以行政手段简单压制,而应依约处置,或寻求司法救济。

(四)高校与其学生地位平等而不对等

学校与学生的民事法律关系,应当从两方面来理解:一为普通民事法律关系。学校与学生作为一般民事主体之间的权利与义务,与其他民事法律关系无异,如学生所享有的通信等自由,以及人格权、财产权等权利。二是以教育权利义务为主要内容的法律关系。这是学校与学生民事法律关系的主要方面。这种民事关系在非义务教育中普遍存在,不会因其办学层次或教育机构的性质不同而有所区别。由于公办学校的性质和我国人民群众收入水平的限制,现在乃至将来一段时期,学校的收费(即学生交纳的学费)还不能全部满足培养学生的支出,还有相当部分培养学生的经费依靠国家财政拨款。因此,高校与其学生双方"对价"不完全相等,在法理上双方法律主体地位是平等的,主要属于民法的调整范畴,同时,在学校特殊环境下,民事关系的双方,实际地位并不对等。

二、"依法治校"的原则

(一)应体现法治精神和人文关怀

法律视野中的人是具体与抽象的统一,片面强调其中的任何一个方面,都是对于法的价值的误解与歧见。维护以受教育权为核心的受教育权益,应是高校管理工作的重要内容。受教育权直接影响人的个性发展权、对社会发展成果的享受权以及对社会发展的参与权。正是由于受教育权对于人们生存权、发展权至关重要,因而受教育权受重视程度空前提高。能否切实保障和维护与受教育权相关联的各种正当权益,是高校管理工作中的重要问题。正确理解和行使高校依法享有的自主管理权,就必须在高校管理中树立和体现法治精神对人的尊重与关怀。学校管理的价值取向,必须弘扬教育的科学精神和人文精神,必须服务于教育的出发点与归宿。在高校管理工作中坚持法治精神,既需要完善的制度设计以形成必要的法律秩序,又需要在思想政治教育工作中认知和贯彻法治理念。法律对于学校管理的深入程度,可能是一个长期争论的话题,但法治精神和维护人的权利的意识,却是高校管理工作必须有的基本理念和价值观,也是高校管理工作者必须养成的基本意识。

(二)营造对大学生进行法律意识教育的学校环境

高校应尽可能地开展不同层次、不同程度的法律知识教育的专题讲座和报告,使学生在这个过程中增加法律知识,提高法律观点和法制观念,从而提高大学生法律意识水平,使大学校园形成一种学法、守法、用法的氛围。高校的管理应做到"依法治校""以法育人",潜移默化地影响大学生法律意识的形成和提高,在学校的法治环境中,增强学生的法律意识,给学生树立"有法可依、依法办事"的榜样,为培养大学生的法律意识提供良好的外部环境。

(三)提高管理者的法治观念

高校管理者具有良好的法治观念是严格依法办事的重要前提,它可以促使管理者在依法行使自己管理职权的过程中,尊重和保护学生的法定权利,避免对学生的侵权。高校应该通过举办讲座、敦促管理者自学等方式,培养管理者的法律意识,尤其是民主思想、平等观念、公正精神、法制理念等,从而自觉用法律法规来规范自己的言行,在管理工作中公正对待学生,尊重学生权利。

(四)完善管理规章,注重"立法"质量

完善管理规章是推进高校管理法治化的有效手段。我国《高等教育法》第11条规定:"高等学校应当面向社会,依法自主办学,实行民主管理。"它明确了学校自主管理权的行使必须遵循法治原则。为了保障教育法规和学校规章成为"良法",教育行政

管理部门和学校在制定法规和规章时，一方面，必须遵循法治统一原则，即下位法的制定必须有上位法的依据，不得与之矛盾；另一方面，必须贯彻平等和公正的原则、权利和义务统一的原则，确保学生应有的法律权利和正当利益。在学校制定管理规章制度时，特别是与学生利益密切相关的管理制度时，应该进行认真的研究，注意听取学生的意见，使制度科学化、合理化，切实增强制度的可执行性。特别是对学生的管理措施，只能在相关法律规定的框架下实施，防止某些管理规定本身违反法律的问题。学校的各种规章应该公示，让学生了解和掌握。

（五）重视管理程序公正

高校对学生的管理必须依法进行，这是创新高校思想政治教育方法的一个重要方面。正当程序是高校依法治校中的一个重要环节，程序合法是高校依法治校过程中遵循法治原则的重要体现。在依法治校过程中坚持正当程序原则，是管理行为公开、公平、公正的基本保证。通过正当程序控制管理过程，规范权力的运行秩序，使权力的行使遵循法治精神的规范步骤和方式，避免管理过程中的无序性、偶然性和随意性，从而保证管理过程的合法性和高效性。因此，在高校依法治校过程中建立科学、合理、严格、规范的程序机制是极其重要的。严格的程序本身是民主与法治的内在要求。严格的程序是提高执法权威、保证"实体法"正确实施的重要条件。新《规定》的第五十二条至六十六条明确了学校对违纪学生做出处分的一系列严格程序，如第五十二条规定："对有违法、违规、违纪行为的学生，学校应当给予批评教育或者纪律处分。""学校给予学生的纪律处分，应当与学生违法、违规、违纪行为的性质和过错的严重程度相适应。"第五十五条规定学校对学生的处分，应当做到程序正当、证据充足、依据明确、定性准确、处分恰当。第五十六条还规定学校在对学生做出处分决定之前，应当听取学生或者其代理人的陈述和申辩。因此，学校依法行使自主管理权对违纪学生做出处罚时，必须具有符合法治精神的严格程序，诸如举报程序、调查程序、做出处罚建议程序、辩解和申诉程序、听证程序、做出处罚决定程序、具体实施处罚程序等。处分学生涉及退学、开除等事项时，应当实行公开的咨询、听证、答辩程序，必须给予学生异议权和异议期限，允许学生提出复议。处理这种复议的机构应与原处分决定机关保持相对独立性。

三、"管理与教育"相结合的原则

（一）管理的目的是为了达到有效的教育

学校工作全部靠教育，靠启发自觉性是不够的，还须有一定的制度规范，运用一些必要的制约性手段，廓清对与错、是与非之间的界限，调节、控制、规范日常行为。这是因为，一是制度建设具有根本性、稳定性和长期性，保证了标本兼治，对创造良好的教育环境会产生积极的促进作用；二是通过民主与集中、指导与帮助、鼓励与批评、奖励与惩罚等具体行为的运用，使个人对价值目标真正认同和理解，从而有助于将理性的行为规范内化为个人意志，由外在约束力转化为积极主动的自我规范行为。从这个意义上讲，管理就是防范、约束、监督和治理，管理的目的是为了达到对学生有效的教育。它给我们带来的是健全的制度、完善的程序、灵活的机制，一个实行他律的手段和机会。不注意加强管理或管理失之于软、失之于松，学校秩序将混乱，对学生的教育将无从谈起。

（二）加强教育是达到管理目的的基础

在任何条件下，人是教育工作的主体对象和关键因素。做好人的工作，首先要靠教育，以提高人的思想觉悟，增强自觉性、主动性。在建立社会主义市场经济的历史条件下，在科学技术飞速发展，迎接知识经济的今天，人们的思想观念、思维方式发生了很大变化，教育在塑造人的思想、引导人的活动、锤炼人的心智等方面的作用尤其不容忽视。教育的多种形式，如思想政治教育、品德情感教育、知识技能教育、法制教育等，虽各有侧重，但又相互依存、相互促进。而通过多种形式、多侧面、多层次的教育活动，使广大青年学生系统学习和掌握基本的知识体系，学会保护自己，具备对待别人和处理问题的手段和能力，形成积极的人生观、正确的世界观、健康的价值观、良好的道德观，就会大大增强明是非、辨真假、识优劣的能力。

教育和管理是对立的统一体。就教育而言，它是按照一定的目的、计划和措施去潜移默化地影响学生，使学生通过自己的积极活动接受这种影响，形成一定的思想、观点，养成一定的品德和个性的品质，获得一定的知识技能，发展综合素质，为搞好管理创造条件、夯实基础；就管理而言，它通过制度约束、督促检查、目标激励等必要的制约性手段，规范、纠正对象的言行，强健对象的心理格调，惩罚对象的过失，以提高士气，使教育得以顺利实施，成果得以巩固。教育离不开管理，犹如箭发不能无弦。因此，绝不能将教育、管理割裂开来；相反，应双管齐下、齐头并进，始终坚持教管并重、防治并举的方针，在运用上讲求协调性，技巧上讲求艺术性，最大限度地发挥教育和管理的潜能，依法治校才能真正落到实处。

四、不断创新的原则

（一）要善于总结经验教训

总结经验教训也是一种思考，是反思，是"回头看"。总结的目的在于分析过去工作的经验教训、利弊得失，为下一步的工作实践打下良好基础。作为一名思政干部既要善于总结自己的得失，更要善于总结学生管理工作工作的得失。只有学会总结的人，干每项工作才会比别人少走一些弯路，少付出一些成本，多走一些捷径，多取得一份成绩，多获得一些机会。对各项工作要不断总结，要努力查找落后和失败的原因，并及时做好整改。对处理上下级关系、同事之间的关系，也要不断总结，在工作中出现矛盾和意见分歧，要多从自身找原因，并得出经验教训。同时，要注意在总结中提高，我们有些高校学生管理者工作几个月或者几年下来，个人的素质和能力始终没有提高，或者提高不明显，离组织和群众的期望、要求差距越来越大，分析起来，除了一些客观的因素外，主观上不学习、不善思考、不多深入学生管理实际工作、不多总结经验教训、不善于自我提高，才是最重要的原因。因此，作为一名高校学生管理者要认真总结经验教训，注重在总结中锻炼提高，努力做一名让党放心、让学校放心、让长满意、自身素质得到全面提高的思政干部。

（二）不断创新，提高管理水平

高等学校学生管理工作面临新形势、新特点，只有不断地创新，才能使学生管理工作不断迈上新台阶，特别是管理理念的创新和管理模式上创新是高校学生管理工作创新的关键和基本保障。

1. 树立高校学生管理工作的创新理念

随着我国改革开放的不断推进、高校招生规模迅速扩大、学生维权意识的不断提高，高校学生管理的客观环境发生了重大变化。学生自我价值和个性发展越来越得到社会的尊重，每个学生都应有自己的适应面和宽阔的发展空间。如果在学生管理过程中强调过多的共性，必然扼杀学生的创造性潜能，使高校的学生管理失去应有的生机和活力；如果过分地强调个性，忽视必要的共性，则使学生管理出现混乱，一盘散沙，失去学生共同发展的基础。因此，高校学生管理工作者必须注重理念创新，必须把大学生作为教育活动、管理活动的主体，在教育和管理中强调法律法规和学校的基本规范的前提下，注重培养大学生的自主性、独立性和创造性。这就要求在高校学生管理工作的各个环节注意培养和强化大学生的创新意识，积极鼓励学生提出新见解、新思想。另外，学生管理活动要为学生的发展提供宽容的环境。学生管理工作应尽量减少对学生各种创造活动的干预，尽可能不用简单划一的方法去引导学生的实践活动，尽量减少对学生的强制，着重于对学生提供一些指导性和方向性的意见和建议。要不断鼓励学生发挥主动性、积极性和创造性，以使学生工作呈现出丰富多彩、生动活泼的局面。

2. 管理模式的创新是提高高校学生管理工作水平的有效保证

高校学生管理工作正面临着重大转变的压力，充满了复杂性，这决定了高校学生管理模式的多样化，必须进行管理模式的创新。目前高校学生管理工作存在的主要问题是忽视学生个体需要和发展需要，忽视学生的主体地位和情感联系，这就要求必须确立以学生为中心的管理模式，让学生管理学生。

（1）建立全新学生工作网络管理体系。在以往的学生管理工作中，主要参与者是：

党总支副书记—分团委书记、辅导员—班主任—班干—其他学生,这一管理模式,由于层级多,信息传递失真程度高,绝大多数学生处于被动状态。为了建立更加全面、更加高效,全面调动学生积极主动性的新的学生网络管理体系,即党总支副书记—分团委书记、辅导员、班主任—分团委、学生会、学生党支部—入党积极分子。这一体系的变化看似不大,但实施的效果明显要好得多。究其原因是:网络管理金字塔最底层的"班干"与"入党积极分子"的显著区别是班干是由老师或同学们选举出来,是被动产生的,如果他们不承担管理任务或不听众领导,无非是撤销其职务,而入党积极分子是一些强烈要求上进的,愿意为班集体做贡献,自愿地听从指挥,处于主动的地位,而且他们团结在党组织周围,接受党组织的培养和教育,思想觉悟不断得到提高,思想觉悟和认识水平比一般班干要高一些,因此,我们在选拔班级干部时,也应尽可能从入党积极分子中选拔,让他们强烈为同学服务的愿望得到更多施展的机会,让他们的积极性和创造性得到更充分的发挥,从而实现以学生来管理学生的高校学生管理目标,并达到良好的管理效果。

(2)学生管理工作要进公寓。经过调查了解,大学生们一天中75%的时间是在学生宿舍中度过。因此,做好学生公寓管理就完成学生管理工作的一大半。《教育部办公厅关于进一步做好高校学生住宿管理的通知》(教思政厅[2007]4号)的第4条规定:"继续推进思想政治教育进公寓。学生宿舍和公寓是开展大学生思想政治教育的重要阵地。要以按班级调整学生住宿为契机,深入推进大学生思想政治教育进公寓。要充分发挥现有学生工作体系的作用,充分发挥学生的积极性和主动性,以宿舍和公寓为阵地,开展丰富多彩的思想政治教育活动,为学生成长成才营造良好的环境和氛围。"为此,学生的共青团组织应延伸至学生公寓,可以为宿舍建立团组织的基础,以宿舍、楼层作为党组织建立的基础,把学生管理的细胞渗透到所有学生公寓。此外,还要开展各种文明评比作为管理的载体和杠杆,渗透到公寓管理和生活的方方面面,实现思想教育工作与学生日常管理工作紧密结合起来。

第三节 高校学生管理的一般规律

高校学生管理是一项系统、复杂的工作,尽管各高校的办学层次、学校的类型、管理模式不尽相同,但高校学生管理工作还是有其内在的规律性,下面我们将从高校学生管理的计划、组织、领导、控制等方面阐述高校学生管理的一般规律。

一、高校学生管理的计划

计划是管理的首要职能。它是高校在预见未来的基础上,对高校学生管理目标和实现该目标的途径做出筹划和安排,以保证高校学生管理工作有条不紊地进行。

(一)高校学生管理计划的含义及意义

高校学生管理计划是关于高校学生管理未来的蓝图,是对高校学生管理未来一段时间内的目标和实现该目标途径的策划与安排。

如同个人在工作和生活中时常制订某种计划一样,高校学生管理也需要在计划的指导下有条不紊地进行,没有计划,活动就经常会出现混乱和低效率。高校学生管理计划具有以下四方面的意义:

第一,计划明确了高校有关人员及有关部门在学生管理中的行动方向和方式,从而成为协调高校各方面行动的有力依据。计划过程使高校就高校学生管理的目标、当前的现状以及由现实过渡到目标状态的途径做出事先的安排,由此,使有关部门和人员的行动获得了明确的指示和指导。

第二,计划工作的开展引导学生工作主管人员花时间和精力去思考未来的各种情况,从而促发了学生管理过程各种沟通、思考、预测等行为,有助于提高高校学生管理者的应变能力,降低管理风险。

第三,计划工作能促使高校学生管理者提高学生管理的效率,由此挖掘潜力,减少学生管理资源的浪费,提高管理的有效性。

第四,计划工作还为各层次高校学生管理者的日常考核和控制工作提供最基本的依据。计划是控制的基础。学生管理工作计划的编制为及时地对照标准检查实际管理活动情况提供了客观的依据,从而也就为学生管理工作及时发现和纠正偏差提供了可靠的保证。

(二)高校学生管理计划工作的程序

根据有无明文规定可将计划分为正式计划和非正式计划;从计划内容的详尽程度不同,可分为指向性计划与具体性计划;根据计划的影响范围和影响程度的不同,可分为战略计划与战术计划;根据计划期间的长短不同,可分为短期计划(一年以内)和长期计划。不管是何种计划,高校学生管理计划工作的过程大致包括以下五个阶段:

1.收集资料,确定计划的基本前提条件

为了收集资料,有效地确定计划工作的前提条件,要注意以下三点:

(1)合理选择关键性的前提条件。即高校学生管理者选择应予以重点注意的计划前提条件,需要提出并回答:在高校的内外环境中,哪些因素对学生管理计划的完成最有影响?

（2）提供多套备选的计划前提。这是指为应付未来突出的偶然事件，事先准备好若干套前提条件，并根据这设定的多套前提条件拟订相应的计划。如目前高校中有关学生管理的各种突发事件的预案。

（3）保证计划前提条件的协调一致。这要求在高校党委和学生工作部门组织下，对各院系的前提条件进行分析研究，综合概括，各院系的党总支、分团委对各年级、班级、各学生组织进行协调，以确保全校的学生管理计划都按照同样的基调来进行制定。

2. 确定高校学生管理目标和实现目标的总体行动计划

这一阶段计划工作实质也就是决策。它大致包括如下的工作步骤：

（1）根据前述对计划基本前提条件的认识，估量学生管理工作发展的机会，确定学生管理工作的目标。

（2）进一步调查研究、明确计划的具体前提条件。

（3）提出多种可供选择的方案，经过比较分析，确定最优或最满意方案。

3. 分解目标，形成合理的目标结构

目标分解的结果会在一个单位内形成两种目标结构，一是目标的空间结构，另一是目标的时间结构。目标结构描述了一个单位中较高层次或较长时期的目标（总体目标、长期目标）与较低层次或较短时期的目标（部门、环节、个人的目标、各学年、学期目标）相互间的指导及保证关系。

在目标分解过程中进行目标结构的合理性分析，应着眼于研究较低层次或较短时期的目标对较高层次或较长时期的目标的保证能否落实。只有使上下左右以及前后时期的目标相互衔接、彼此协调，才能形成一个完整的目标体系。

4. 综合平衡

首先，是任务之间的平衡，包括任务的时间平衡和空间平衡。在平衡过程中，如果发现较低层次的某个具体任务不能充分实现，则应考虑能否采取有关补救措施。否则，应调整较高层次的目标要求，而此时可能会导致整个学校或各系院学生管理工作的决策需要做出修订。

其次，综合平衡还要研究学生管理活动的进行与资源供应（即学生管理中的人、财、物、信息供应）的关系。

再次，综合平衡还要分析不同环节在不同时间的任务与能力之间是否平衡。

5. 编制具体行动计划并下达执行

二、高校学生管理的组织

组织工作的目的就是要建立一种能产生有效的分工合作关系的结构。在自然界，我们都知道石墨与钻石都是由碳原子构成的，构成要素一样，但两者功能和价值无法相提并论，究其原因在于两者组织结构的不同：石墨的碳原子之间是"层状结构"，而钻石的碳原子之间是独特的"金刚石结构"。在社会领域，一队士兵，数量相同，仅仅由于组织和阵列的不同，在战斗力上就会有质的差异。高校学生管理中的组织结构差异，也体现出管理水平的不同。

（一）组织的设计

组织设计是组织工作中最重要、最核心的一个环节，着眼于建立一种有效的组织结构框架，对组织成员在实现组织目标中的工作分工协作关系做出正式、规范的安排。高校学生管理的组织设计步骤如下：

（1）确定学生管理的目标和实现目标必需的活动。要通过回答两个问题就可以确定学生管理目标需要开展哪些活动：为了达到学校的总体目标，学生管理要在哪些方面（领域）有出色的表现？哪些方面的表现不佳将影响到学校的整体工作，甚至会出现对学校或学生管理工作一票否决？这些问题的回答可以帮助确定对实现学校的具体目标和学生管理目标贡献最大的关键性活动，而这些关键性活动，应成为组织设计工作关注的焦点。

（2）根据组织资源和社会条件对实现目标所必需的活动进行分组。分组可以采取两种方法进行：一种是从小而大的组合法，即先将实现目标所必需的活动细分为各项工作，然后将基于工作项目归类形成各种工作岗位和职位，再按一定方式将某些工作岗位或职位组合成相对独立的部门，并根据幅度的要求设置各个管理层次。另一种是由大而小的划分法，即先确定管理的各个层次，再确定每个层次上应设置哪些部门，然后将每个部门所承担的工作任务分解为各个职位的工作。以上两种方法在实践中常常结合起来使用。

（3）根据工作和人员相称的原则为各职位配备合适的人员，并通过决策任务的分析确定每个职务所拥有的职责与权限。

（4）设置各层次、各部门之间纵向与横向联系的手段。

（5）业务流程运行规范的设计。

（二）职务设计与人员配备

职务设计与人员配备是组织设计工作中两个相互关联的方面。为了合理地配备人员，必须分析每个职务（职位）应当做些什么工作以及这些工作适合什么样条件的人员来做。职务工作内容的确定，应考虑工作效率的要求，同时兼顾工作人员能从中体验的内在工作满足（这是调动人的积极性的一个重要因素），以便在工作任务和工作人员两方面要求的相互平衡中，确定出一项职务工作合理的广度与深度。

在职务设计考虑到人的需要和潜能的情况下，人员配备工作应服从职务设计所规定的工作人员数量和资格规范的要求，以便使每个职位都能在适当的时候配备上适当数量和素质的人员，确保组织任务目标的落实。

三、高校学生管理的领导

（一）领导的本质

领导的本质就是通过人与人之间的相互作用，使被领导者能义无反顾地追随他前进，自觉自愿而又充满信心地把自己的力量奉献给组织，促进组织目标的更有效实现。领导不是单方面的领导者行为，而是领导者和被领导者之间的相互作用关系和过程，侧重于人的因素及人与人之间的相互作用，这是领导职能与其他管理职能（计划、组织、控制）的显著区别之一，计划、组织和控制一般都是偏重于方法、程序和结果的，它们可以由管理者独自在办公室里完成，因而不具有或基本上不具有与人交往的特点。

（二）领导的权力基础

权力是指一个人主动影响他人行为的潜在能力。权力按其来源不同可分为五种：

（1）法定权力，即组织内各领导职位固有的、合法的、正式的权力。

（2）奖赏权力，即提供资金、提薪、升职、赞扬、理想的工作安排和其他令人愉悦的东西的权力。

（3）强制力，指给予取消评优资格、降职、批评乃至开除等惩罚性措施的权力。

（4）专家权力，指由个人的特殊技能或某些专业知识而产生的权力。

（5）感召和参与权力，这是与个人的品质、魅力、经历、背景等相关的权力。

在学生管理工作中，很少有学生对高校学生管理者的法定权力提出疑义；对于强制力，由于学生的维权意识提高，因而要求管理者在行使该项权力时一定要依法行使，并且应在合理范围内使用；对于奖赏权力、感召和参与权力、专家权力等则是展现管理者的个人魅力，若发挥得好，在管理中往往达到事半功倍的效果，作为高校学生管理者应充分运用。

（三）领导效能的决定

领导的行为、行动能否产生预期的效能或效果，取决于如下三个方面因素：

（1）领导者。领导者所拥有的职位权力和个人权力的大小，对领导效能起着十分重要的作用，领导者的职位权力是由组织制度客观规定的，它与组织的健全程度有关。领导者个人权力的大小则与领导者的素质、品质或个性特征密切相关。

（2）领导风格。领导行为可以有不同的方式、形态或作风、风格。有的领导和蔼可亲、平易近人、给下级以充分的信任和自主权，有的领导则严厉粗暴、高高在上、独断专行。这些领导风格的差异，不仅因为领导者的特质存在着不同，更由于他们对权力运用方式及对任务和人员之间关系有着不同的理解、态度和实践。不同的人以及同一个人在不同时期和场合，都可能表现出不同的领导风格。但在高校学生管理中，那种严厉粗暴、高高在上、独断专行的领导方式是容易激化矛盾，难以达到良好的效果的。

（3）领导工作的情境。与特定情境相适合的领导方式，可以是有效的；而与特定情境不适合的领导方式，则往往是无效的。高校是培养高层次人才的摇篮，高校学生是具有相当高文化水平和文明程度的人，因而与之相适应的领导方式应是民主型的领导方式，只有在面对突发事件，面对混乱的场景下，才能以非常果断的、雷厉风行的方式处置。

四、协调与控制

管理者尽管可以制订出周密的计划，可以将组织结构设计得非常有效，可以通过领导工作充分调动被管理者的积极性，但这些往往并不足以保证所有的行动都能按计划执行，不能保证管理者追求的目标一定能够达到，协调与控制通过协调监视组织各方面的活动和组织环境的变化，保证组织计划与实际运行状况保持动态适应。

控制是由管理人员对组织实际运行是否符合预定的目标进行测定并采取措施确保组织目标实现的过程。

管理控制的目标主要有两个：①限制偏差的积累。防微杜渐，及早发现潜存的错误和问题并进行处理，有助于确保组织按预定的轨迹运行下去。②适应环境的变化。计划和目标在实施过程中，组织内部的条件和外部环境可能会发生一些变化，可能妨碍计划的实施进程，甚至影响计划本身的科学性和现实性。为此，控制系统必须能针对性地做出正确、有力的反应。

控制的基本原则有：控制应该同计划与组织相适应；控制应该突出重点、强调例外；控制应该具有灵活性、及时性和经济性的特点；控制过程应避免出现目标扭曲问题；控制工作应注重培养组织成员的自我控制能力。

第六章 现代高等学校管理创新理念

第一节 高等学校教育管理创新模式

高校教育管理的质量,将会直接影响到高校的未来发展,同时与高校是否可以完成人才培养的目标相关。伴随着我国社会对人才的要求不断提高,高校教育管理的作用以及地位也逐渐升高,并受到社会各界的重视。因此,高校需要结合自身的实际情况,有针对性地进行教育改革和管理,而改革的前提是观念的转变,只有从思想和观念上实现转变,才能更好地走向改革发展之路。依托于创新观念之下,高校本身需要有针对性地进行教育目标的调整和更新,并且通过管理行动的有效落实,更好地促进高校的可持续进步和学生的综合全面发展。

一、高等学校教育管理模式现状

(一)教育管理理念不新

作为高校的教育工作者,对教育管理的认识并不深,而且存在一定程度的片面性,其中教育工作者不仅是作为管理者而存在,更是作为服务者为学生提供多个方面的服务,由此促使学生全面发展。但事实上,大部分的教育工作者并不能够很好地平衡这两个角色,更多的时候是以管理者的身份自居,对学生应有的权利视而不见,比如学生的知情权以及监督权等,高校进行教育管理的具体措施和方法,学生是有权知道的,并且也有权进行相应的教育管理监督。在这样的情况下,学生的主体性很难实现,并且将会逐渐失去参与的热情和积极性,这并不利于学生的个性发展,由此将阻碍学生的全面发展。

(二)教育管理方式比较僵化

以往高校对学生的管理往往是由教育工作者一包到底,学生在此管理模式下会过度依赖教育工作者,而且大多数高校会对学生实行强制性、统一性的管理措施,对于制定的制度,在执行时具有一定程度的保守成分和僵化问题,学生只能够被动地接受学校的各种安排和约束。与此同时，大部分高校的教育管理常采用封闭式的管理，并且是根据教师的教学计划制订严格的教学课程，教学课程内容、方法会有重复，由此会导致人力等多方面的资源浪费。同时，高校教育管理更重视理论方面的管理，而很少对教育管理的实践环节进行创新，学生在校期间只根据教师的培育方案进行学习和锻炼，由此将严重限制学生创新能力的发展。

（三）重管理，轻服务

高校制定的一系列管理制度，最终都是为了更好地服务于教学工作，而服务的对象不仅仅是学生，还有一些一线教师，这样能够最大限度地促进教学工作质量的提升。根据对高校教师的认真调查和分析，可以发现大部分教师并没有很好地认识和理解教育管理工作的实际含义以及意义，并且严重缺少服务意识。在实施教育管理工作期间，需要协调多个方面的关系、综合多方面力量，而不是按部就班的流水线工作。作为教育工作者，要有一定的人文关怀，要和学生之间有一定程度的情感沟通，而不是以自我为中心的专制管理。

二、高等学校教育管理模式创新的对策与措施

（一）更新观念，牢固树立以人为本的教育管理思想

目前，各个高校的教学管理模式依旧使用老套的管理方式，并且十分注重历史教学经验以及管理经验，缺少一定的创新意识，很难适应时代的发展以及变化，满足不了当代社会对创新人才的需求。因此，为了有效改善这一情况，高校教育者需要转变以往的教育思想，面对党中央多次提出的"以人为本"的教育理念，从学生的实际角度出发，在其中表现出人性化的管理特点。对学生的个性、态度以及行为进行积极引导，对他们所提出的合理要求进行满足，对其加强人文关怀和因材施教，充分提高学生的主动学习能力，并且需要将高校学生培养成为适合社会发展以及经济发展的人才。各大高校应当对教育管理模式进行创新，不断学习最新的教育方法以及教育观念，增强教育管理的有效性以及质量。同时，教师可以使用任务驱动式教学法，为学生提供丰富的实践平台，让学生通过技能板块的学习，不断地提高自身的实践能力。除此之外，教师还可以采取分层式训练的方式，由此满足学生的个性化发展和团结协作能力提升。

（二）树立管理目标，在每个阶段有所作为

就教育管理目标而言，不是一成不变的，并且也不是唯一的，应该根据教育的发展和时代的发展不断地进行更新和优化，同时，创新性的教育管理应该是改变传统的单一管理目标，并且在不同的时间段树立不同的管理目标。具体来说，需要在每学期的开始阶段、中期阶段以及结尾阶段等，进行相应的教育管理目标的设置，并根据实

际情况不断地进行调整和修改，使得目标真正贴合学生的真实需求，符合学生的发展规律，由此实现教育管理目标的阶段性发展以及教育管理实效性的提升，进而更有针对性地对学生进行个性化和多样化的培养，实现教育管理实效性的显著提升。

（三）落实管理行动，确保学生全面发展

教育管理进行理论性创新以后，便需要通过实践来证明理论的正确性，并且通过实践行动的落实，不断巩固教育管理的效果。其中想要更好地实现管理效果的最大化，便需要促使学生养成良好的习惯，促使学生自主进行学习和发展。学生需要具备一定程度的自主性，这有利于其自身的未来发展。因此，高校可以进行奖惩制度的建立，通过监督和教育以及不断的激励，增强学生的上进心和自信心。同时，高校教育的主要任务是奠定教育基础，这便需要对教育管理方法进行不断的创新和发展，由此实现与时俱进，并且使得学生通过自身的长久坚持和性格的养成，成为高素质人才。

（四）以生为先，实施学分制管理

在我国，学分制这一全新的教学制度已经赢得了大众的广泛认可，很多高校开始将其应用在实际教学中，高校在学分制方面投入的精力并不少，但是依旧出现了较多的问题。究其原因，还是高校受传统观念的不利影响，在进行日常的学分制管理工作时出现了部分偏差，一直无法发挥出自身的真正价值。结合学分制的性质来看，它能够充分尊重学生的个性发展，具备因材施教的教育功能，能够为学生个体的成长提供足够的发展空间。在教育管理过程中，学分制能够将学生个人的成才需求与学校的教育有机结合在一起，可以根据学生自己的爱好、兴趣以及能力来选择自己喜欢的课程，从而培养学生的自主选择意识和自立能力，形成当代高校学生知识、能力以及素质"三位一体"的全新发展体系。同时，这样灵活的学分制度能够为学生选修双学位和参与第二课堂提供足够的机会，更能够为学生的未来创业奠定良好基础。因此，高校需要全方面、多角度地设计和制订具体的制度内容，并体现其科学性和合理性。从高校课程建设的现状来看，可以发现大部分高校都是在必修课数量上设置多，而在选修课数量上设置少。在这样的情况下，难以实现一专多能型人才的培养目标。所以，高校需要从选课制度角度入手，并且考虑到各种不同的因素，分年级、分阶段地制订相关选课内容，同时充分满足大学生的学习需求，将相关课程内容进行科学、合理的规划，制订出严格的选课标准。

综上所述，我国对人才的需求正在呈现出只增不减的趋势。作为人才培养的重要场所，只有不断地提升高校教育管理质量，才能更为广泛地增加人才数量，促进国民素质的全面提升。因此，作为高校管理者，需要不断地提升自身的专业素养，树立正确的教育管理理念，并且提高自身的管理能力，持续不断地加强制度创新，正确地对待教师与学生之间的关系，同时运用先进的管理方法，促进高校教育管理工作的良好持续发展。

第二节 高等学校学生管理德育工作模式

一、德育工作的主要成果和创新理念

(一) 德育工作的初步成果

这个课题下研究的主要领域是整合教学德育工作,分析新形势下的高校德育管理变化,确立高校的德育工作,寻求新的途径来更加翔实,更加细致地做德育管理策略。

以思想政治为大纲,更新教育理念,使得高校的德育工作可以有序展开,取得新的突破。培养学生的爱国思想,爱党情操,立志精神,成才理念,全面发展德智体美为基本核心,不断地探索并实践,让同学们激发起以统一爱国情操为己任,作为重点教育理念,在校园里发展德育观念,全方位以学生的思想为主,提升同学们的高素质,构建和谐社会下高校同学的积极思想方向,倡导教师关心同学们的思想境界,培养师生的马列主义思想,完善大学的德育教育体系。

有计划、有设计、有目标地进行高校德育教育的基本方向。

(二) 树立主要的德育理论建树

因为德育教育的工作必须从实际出发,不断创新改革,以学生为本,把握教育对象的不同心理,而且,校园里要区别不同的工作环境,面对新问题要积极改善,把握高校学生德育观念,构建教育服务一体化的理念,全方位关心学生的德育发展状况,形成了一种全方位的教学理念和德育体系。培养高校学生比较完善的人格和积极的互动意愿,同时可以实施多样化人才培养模式,以热爱祖国为核心重点展开,树立教育理念,渲染人文气息,找到更适合高校的德育教育途径。

培养并树立高校学生正确的人生观、世界观,以利于在当今社会谋求一立锥之地,适应现在市场的激烈竞争,培养学生具备自觉服务社会的意识,主动关心社会及他人自我约束意识,遵纪守法的心态,诚信有礼的良好习惯。大力弘扬民族精神教育,培养学生们的爱国思想,以基本道德规范为基本理念,让我们的高校同学自觉坚持走中国特色的社会主义道路,不断探索,构建多维度的基本构架。

努力加强并改进我国新形势下的德育教育工作,全校师生共同肩负起这样的重任,是四化建设人才培养的重要环节。紧密联系我国的现状,在改革开放的大形势下,创造积极的理念和环境氛围,树立社会主义荣辱观,以及正确良好的世界观。联系当代大学生的实际思想状况,进行有的放矢的德育教育,大力倡导启发式教育,让同学们都自觉的参与其中,让当代高校学生的政治思想更加接近实际,接近生活,接近学生本身的日常规范，适当运用案例，使教育更加生动新颖，丰富多彩；还可以时刻想办法活跃教学气氛，启发学生深思，吸引学生的注意力，让教学效果达到最佳状态。在学习中感受到自己的提升，让成就感促使心理满足感。通过网络普及拓展，可以使大学的教育手段不断更新，通过网络的平台，完全可以做一下简单互动和学习，提高统一素质，开辟全新阵地。

（三）把教育和情感相融合

通过解决同学们在日常生活中的问题，有效借助有利条件拉近校方与同学们的距离，展开贴心的管理模式，师生之间零距离的沟通并解决问题，促进师生之间的感情，让教书育人更具亲和状态，尤其是在学生在该年龄段遇到相应学习、生活甚至情感上的种种问题时，老师的语言是同学们减压的最好工具，巨大的压力下，会带给学生很多心理障碍，为了不影响高校学生正常的生活和学习，应该因地制宜地处理学生们遇到的不同问题，在不同的情况下，在不一样的外部环境下，建立起大学生们的健康心理状态，让高校学生可以正确面对学习和生活中带来的压力，尤其是青春期带来的情感纠葛，培养大学生良好的心理素质，让高校学生在良好的心态下克服困难，面对并接收来自各方面的挑战，提高承受考验和挫折的能力，提高从教人员自身的人文素养，给学生起一个正面的带头作用，树立典范和标杆，以身作则，为人师表。

在日常生活中跟大家打成一片，全面并细致地理解同学们的心理状态和动向，跟同学们成为最知心的朋友，最值得信赖的良师益友。校园文化一般意义来讲在高校德育中占主导地位，是引导学生、鼓舞学生的一种最常见的途径，于无形中对学生是一种勉励作用，树立学生的使命感，并且寓教于乐，可以使广大同学处于心理接收状态，不排斥德育工作的管理，无形中成为校园文化的载体，潜移默化地影响着高校学生的品质，不仅灌输，而且可以启发并熏陶学生们的爱国情操和礼义廉耻。

为了升华高校德育的教育，净化学生的心理，让校园教育变得自觉自律，要学生自强地看待所遇到的问题，面对挫折的时候，勇于承担属于自己的那份责任，懂得面对才是最阳光的选择，不要逃避问题，遇到麻烦学会思考，如何迎刃而解。让高校德育问题落在实处，真正起到应有的作用。

我国的高校德育管理工作已经开展得如火如荼，校园里放眼望去，都是靓丽的风景线，每一个身影都让教职人员倍感欣慰，都反映了现在的高校德育教育工作的良好现状。所以，高校德育工作模式的创新是非常有意义的。

二、德育工作的实施基本构架

（一）高校德育管理工作如何开展

素质教育要遵循教育教学规律，培养高校学生的德育工作，要注重开发潜能，形成健全的教育理念，当前教育界大力提倡的管理模式是自我管理，学校加以引导，有效地展开高校德育工作，同时校方不会跟学生们产生矛盾，同时加强了学生的自我调节能力和同学直接的珍贵友谊。

（二）开展高校德育管理的必要性

为了调动学生的主动性，让每名同学都加入到德育的大环境中，全面提高学生的整体素质，尊重学生的个性，培养学生的主体意识，让同学们提前具备适应社会的能力，在这个竞争力十分疯狂的时会，工作的时候可以十分井然有序，不慌乱，可以培养同学们自己在社会上孤军奋战，各种生存技能，这些都需要在校园里，开展德育工作完成，不能让同学们走出学校的一刻变得畏首畏尾，失去了完成工作的主动性和面对挑战的勇气，以及面对挫折的坚忍不拔，那一刻才真正明白了在学校的时候培养良好的人生观和世界观是多么重要的事情。

抛开陈旧的观念，从学生的实际需求出发，开创新的德育理念，有目的，有计划地展开新的德育工作，把社会公德转化为每一个学生的思想品德的过程就是创新德育的根本理念。随着教育的革新，素质教育在德育实施上的重大改变就是把主角转换成学生，以学生为本，在校内校外不断变化的社会大环境里，从教人员的思想观念也同时在发生着翻天覆地的变化，如果德育管理本身出现问题，则将会影响学生初衷观念的萌生。

在社会主义新文明建设的大环境下，高校学生就是新鲜的活力，所以，管理好高校学生的德育工作，是一项很重要的任务。不仅需要为高校学生打下坚实的思想基础，更要有为学生的基本素质负责的深化理念。

（三）高校德育管理落在实处

教育高校学生从自己做起，从小事做起，养成良好的生活习惯形成，营造良好的德育水准。踏踏实实地把德育工作落在高校学生的日常生活规范中，不再是空余形式，条条框框的大话空话，喊出来的口号要跟实际相结合，每一个德育条款都要从实际出发，而且在实际落实中，还要根据每名同学不同的个人状况加以分析讨论，最终得出行之有效的解决方案。

紧密结合当代高校学生的思想状况，贴近实际，靠近生活，了解学生的原则和理念，然后有机地把新型德育管理融入学生的言行中。遵循知与行统一的原则，不仅要传道授业，树立正确的行为观念，更要重视社会实践和人文情感，引导形成学生言必信、行必果的优良德育观念，继承中华民族优良传统，民族的团结理念，政策的形式观念，树立学生民族自尊心、自信心和崇高的自豪感，培养学生继承老一代革命志士的高尚情操，逐步树立正确的世界观，人生观，价值观，进行有理有据的道德素质教育和公民道德教育。

(四)高校德育工作的主要任务

有机地进行民族精神的引导和时代教育的疏通,开展优良的民族风气渲染,让同学们以珍爱生命,健全人格为教育核心,展开良好的环境教育,引发高校学生树立良好的安全意识,优秀的效率意识,美好的环境意识以及崇高的廉洁意识。

在校园里陶冶情操,建立良好的德育理念,认真贯彻落实新的德育标准,让德育理念在校园里形成新的艺术形态,被同学们所接受。吸引当代高校学生的兴趣,从每一件事做起,把良好的理念融于学生日常生活中,无形地变成同学们生活中的扶梯,变成让同学们可以信赖的良师益友。

首先要适应当代高校学生身心发展,结合实际情况,落实每一步具体的德育工作,让德育教改课程变得深入人心,完全按照当代高校学生的现状制定,符合当代学生的心理需求,可以作为同学们在遇到问题和矛盾时候的良师益友,可以在处于敏感年龄段的学生们在生活和感情上出现问题时候及时得意疏导,让学生们愿意信赖学校,产生亲和力,在情感方面首先赢得学生的心,这样,开展工作的时候就务实得多,顺利得多。让德育的创新模式得到更多学生的认可。

三、德育工作如何创新

(一)发展新形势下的高校德育管理工作

在日新月异的国情发展状态下,学生的压力越来越大,尤其是老龄化作为中国的国情现状,使得现在的学生毕业之后面临的压力巨大,所以,在这个与时俱进的社会,高校的德育教育也同样委以重任,在这个国家全面飞速发展的今天,所有的部分都要跟上时代的脚步,所以,德育工作更要有着巨大的变化和发展,让整个校园变得思想境界崇高化的同时,还要让同学们感到温暖和依靠。

为了紧密结合现代学生与社会的联系,让毕业生能在社会上得以立足之地,就必须得在高校德育管理方便积极加强,应该随时从实际出发,考虑好每一个细节,从高校学生的优势进行分析,同时还可以做出很多有关于高校德育的分析教育,从有利于高校德育教育的角度,着手于细节问题,替学生们把可能会遇到的问题全面做好整理和讨论,从而在一个新的角度,全新的理念进行有理有据,切实的贯彻,详实的实施,为高校学生的实际问题,改善德育教育观。在校园里全面开展高校德育工作。

(二)高校德育创新工作稳健发展

创新是发展的新形势,德育就是民族的新命脉,让德育工作开展起来必须有计划地实施,要针对高校学生的心里,有的放矢地处理学校德育问题。面对新形势,要有新策略。为了让高校的德育工作更加行之有效,德育工作者将被被委以重任,新形势下，高校的校园文化有待完善。积极吸纳优秀的地域文化，各民族各行业的优势及特点，为德育模式的创新添砖加瓦，为了提高学生的精神文明状态，学校全面加强校风、学风的建设，使高校学生养成积极进取，勇于探索，乐观向上，益于身心的良好风气，可以积极争取毕业后的就业机会。

综上所述，素质教育是根据人类文明发展的需求，切实提出的遵循教育教学规律，并且培养全体学生的基本素质和人文情操，并以尊重和了解学生主体性和生活中以及学习中的主动精神、本着开发高校学生智慧潜能为准则、注重培养高校学生的健全个性为基本研究对象的教育。目前教育界大力提倡的以学生文本的管理模式，是一种强调并凸显学生主体地位的重要的新型模式，完全是以学生为本，努力调动学生学习积极性、培养高校学生爱国情操，尊重学生个性和主体意识。积极的注重学生的个性发展以及创新意识的科学培养的新型模式，同时也是培养学生人文素养等全面提高的新型高校德育管理工作模式。

第七章 现代高等学校管理创新的内容

第一节 高等学校档案管理工作的创新

随着时代的进步和社会的发展,我国高等教育也面临着全面的改革,越来越重视教育结构的优化和基础建设,高校档案管理工作作为高校的基础管理工作也要有所突破,从思想上转变观念,充分思考高校档案管理工作的改革思路和发展方向,深入了解高校档案管理工作的重要性,提升高校档案管理人员的素质,更新观念、勇于创新,推动高校档案管理工作的全面发展。

一、高等学校档案管理工作的重要性

高等学校的教育教学工作面临着深化改革和长远发展,从学校发展到建设,从学校的整合到专业调整,从学校宏观人才培养目标到专业培养方案,从课程设置到教学计划,从学科建设到学术研究,从教学评估到专业认证,无论改革之路走到哪一步,都会产生相关资料,通过筛选留存有价值的形成档案信息资源,并在这一过程中利用档案信息进行分析调研,从中积累总结经验,做好各项决策工作。

高等学校的行政管理部门是整个学校教育教学工作运转的纽带,承担上传下达,协助各项教育教学工作顺利完成的职责,由此接收的命令、指示、通知、决定、请示、批复、函件、会议纪要等各类文件都统一归属于文书档案,是学校管理、运行和发展的重要历史记录,对学校未来的工作也具有十分重要的参考价值。

二、高等学校档案管理工作的发展与创新

创新是高等学校档案事业可持续发展的重要保证,创新的前提又要具备创新意识,形成创新理念。勇于改变固有的思维模式,突破档案管理现有的状态,培养超前意识,在把握好全局的基础上,对高等学校档案事业的发展进行大胆地规划和设想,从单一的传统思想中解放出来,探求多维的发展空间。

管理方式的创新。高等学校档案应改变沿袭已久的等待式管理模式,由被动转向

主动，积极挖掘档案的潜在价值，多方面吸取新形势下的现代化管理经验，把"死看死守"的注重保管收藏的档案，"活化"成便于查询、利用率更高的信息源泉，利用网络这一平台，实现对校内全方位服务和对外合作交流，互通信息，拓宽档案事业的发展领域。

管理手段创新。高等学校档案信息量较大，分类标识较多，人工完成费时费力，且存在一定的偏差，解决这一问题就需要运用现代的科学技术手段，将纸质档案通过计算机录入、扫描、刻录光盘等形式进行数字化处理，建立档案信息资源数据库，同时借助校园网、局域网等途径进行档案信息资源的网络化管理，实现了档案的直接录入、快捷检索、查阅可控，推进了高等学校档案事业的高速发展。

管理合作的创新。互联网的出现，加速了文档一体化的进程，文件按照标准和规范生成电子文档，实行文档一体化管理，必须改进现有的档案管理模式，寻求利用计算机等现代化的工具进入新模式，与办公自动化对接，同步加快档案的全程自动化管理，立足档案事业的长远发展。

管理制度创新。高等学校档案的现代化管理，对档案的安全保密管理提出了更高的要求，需要建立健全各项规章制度。针对档案信息的网络化管理，应该制定更加严格的管理制度，落实责任到每个人，对每位利用者进行网络安全教育，加强保密意识，做到档案管理工作全程无死角、无漏洞，确保在网络环境下学校档案的安全，保证高等学校档案事业的顺利进行。

三、高等学校档案管理人员队伍的创新建设

做好高等学校档案管理工作，建设一支业务精湛、创新意识强、综合素质高的管理人员队伍是关键。

在高校档案管理工作不断创新，逐步完成信息化建设的背景下，对高校档案管理人员提出了更高的要求，不能只局限于熟练的手工装订和操作来管理档案，还要紧跟时代的脚步，增强创新意识，掌握档案管理方面的前沿信息，精通现代化管理。在具备一定的档案专业知识和理论的基础上，还要学习计算机软件应用、网络技术、档案设备操作等多方面的知识和技能，参加现代化管理的培训，听取档案管理专业的讲座和论坛，定期进行校际交流，以提高自身的专业水平和管理水平，积极参与高校档案管理工作的创新建设。

高校档案管理人员要用现代化的发展眼光，创建档案管理工作全新的服务体系。要以用户服务为根本注入"人性化"服务，统计用户对档案的需求指标，并对其进行细致分析和研究，找出档案管理服务与用户需求的差距，从实际出发改善现有的服务环境，主动适应档案管理工作发展的新开发，加强与高校各管理部门和社会相关单位

的沟通，提供档案信息交流、大胆创新、丰富档案资源、开放档案服务，实现档案资源共享。在做好档案服务基础工作的同时，借助现代化服务工具，完善档案管理工作的服务机制，对高校档案进行科学的综合性管理，树立全心全意为人民服务的观念，不断提高现代化的服务水平和服务效率，最大限度满足用户的需要。

总之，高等学校的档案管理工作既要保留传统的精华，又要与时俱进突破自我，实现自我的发展和更新，从大局出发跟随时代前进的步伐，在踏踏实实做好档案基础工作的同时，推动高等学校档案事业的不断发展。

第二节　高等学校内部管理创新

教育管理创新是指教育者进行改造和变革，通过创造性活动，摒弃传统的教育管理模式，转变观念，创造性地开展教育管理的过程。

我国高等教育既面临历史的发展机遇，又面临着严峻的挑战，只有锐意改革，才能更好地履行高等教育的职能，担当起建设创新型国家的重任。

一、高等教育创新要处理好的几个关系

高等教育创新是一项长期系统的工程，不可能一蹴而就。在高等教育创新时要处理好几个关系。

"我要创新"和"要我创新""为发展而创新"和"为创新而创新"的关系。管理者不能为追求任期政绩而患上"创新忧虑症"，为了创新而创新，置政策出台时机是否合适不顾，置广大群众的意见看法不顾，违背决策程序，仓促出台政策和措施，结果会适得其反。为了避免出现创新目标不明确的情形，应当处理好以下问题：贯彻管理创新的目标性原则。管理者要预则立，秉公行政，有的放矢。加强管理者自身的道德修养，要求其遵循高等教育规律办学。管理者要自律自省，还要建立健全外部监督机制。正确认识管理创新与常规管理的关系。教育管理创新立于常规教育管理之基，能够推动管理科学化、制度化发展，进而提升教育质量。

"创新"与"继承"的关系。不能用片面的、形而上学的观点把继承和创新简单地对立起来，应正确处理好二者关系。善待中外教育管理的经验和遗产，正确运用于现代管理实践中。中华民族是个具有悠久历史的文明古国，留下了丰富的教育管理遗产。西方发达国家在其工业文明和现当代也积累了丰富的经验，我国教育管理者需要消化吸收，"物尽其用"。处理好全球化与独立性的关系。经济全球化必然导致文化冲突。对于国际上先进的教育管理经验既不能盲目照搬照用，也不能囫囵吞枣，必须植根于

国情加以扬弃，办有中国特色的教育。

内部和外部的关系。高等学校内部创新表面上看是学校内部事务，实则是国家事务，这是大学的职责使然。高等学校内部创新成功与否，与学校所处的发展环境和生存空间有很大关系，只有处理好了大学与政府、大学与社会的关系，净化了环境，取得了充分的自主权，大学的内部创新才能得以顺利进行。协调大学与政府的关系。大学是独特的组织，不同于企业，而是有其特殊性，具有自身的运行体制和机制，政府应做好统筹协调，成为大学发展的助力。政府既要加强党对高等学校的正确领导，又要遵循高等教育规律，学术自由，教授治校，尊重学校办学自主权，变"管理"为"服务"，为大学又好又快地发展营造健康的环境。改变大学校小社会的局面。教学、科研和社会服务是大学的三大职能，术业有专攻，要改变学校办社会的状况，瘦身减负，轻装上阵。潜心办学，以其主打产品——人才立足社会。学术与行政力量相伴共生。大学学术和行政力量是大学发展过程中的矛盾统一体。学术为上，行政是基。学术发展是大学的必然追求，而良好的行政服务则是其保障。行政力量以服从于学术发展的需要合理定位，安居其位不越位。学术力量应尊重行政力量，心往一处使，全心全力谋发展，有位才有位。学术力量和行政力量有机结合，形成和谐的统一体，大学才能充满活力，蓬勃向上。

二、高等学校内部管理创新的观念之变

高等学校不能简单照搬工商业中的目标管理方法，即为了追求政绩，行政部门制订的指标没有科学依据，朝令夕改，任期考核指标和年度考核指标自相矛盾，教师围着指标转，疲于奔命。

从"机械管理"转变为"人性化管理""柔性管理"。所谓柔性管理，主要是通过非强制性手段和非权力因素的影响来实现管理目标。说服、解释是其主要形式。它是一种"以人为本"的管理模式，有利于激发人们的内在动机，有利于调动人们的积极性、主动性和创造性。马斯洛的需要层次论认为，人在满足其基本的生存和心理需求后，心理和自我实现需求乃高层次需求。高校教师是高知人组，必须通过"社会人"和"Y理论"而不是"经济人"和"X理论"的管理，以人为本，才能管理达效。

重行政人员队伍建设，提升管理水平。对高等学校的发展而言，建设一支优势突出、特色鲜明、结构合理、充满活力的师资队伍固然重要，而精干、高素质的管理团队才是学校强有力的臂膀和重要保障。高校必须推进人事制度创新，试行行政录用人员交叉任职制，改善行政人员结构，提高他们的业务素质和服务水平。

三、高等学校组织创新

从 1994 年开始，我国实行了高等学校合并共建等形式的管理体制改革，"211 工程""985 工程"进一步实施以后，掀起了高等学校的深度融合潮，高校航空母舰不断涌现，高等学校规模均急剧扩张。为了加强和改善高等学校的管理，完善大学的治理结构，大学的组织创新便提到了议事日程。

降低组织层次，组织扁平化。实行校院两级管理，院为办学实体，行政部门为学院服务，建立多部门整合的研究生院、本科生院，行政服务精干高效，信息畅通，学院是教学、科研和社会服务的实体，提升学院一级办学自主权，更好地满足社会的需求。

协同创新，顺应新兴学科发展需要。知识经济社会，信息爆炸，知识呈几何级数倍增，应对此种潮流，高等学校相继而变，因此，边缘学科、新兴学科涌现，呈现学科交叉融合的大趋势。快速调整高等学校学科基层组织，而矩阵式组织结构理论顺应了这一需要。通过建立校内外多种形式的协同创新中心，开展基础研究，提升原始创新能力，为建设创新型国家添力，力保我国在世界综合国力竞争中立于不败之地。面对新的问题，要修订大学章程，强化制度保障。高校要实行教育督导制度，通过建立一套完整的监督和制约机制，有效规范和深化管理创新实践，做到有章可循，有规可依。

落实两代会制度，坐实高校民主管理。党代会、教（职）代会是高等学校重要的决策机构，也是高校实行民主管理的有效形式。党委常委会应充分尊重民意，重大决策特别是关系到学校长远发展、师生福祉的，必须经党代会、两代会讨论通过落地，并固化为制度，不能搞一言堂。教育工会作为高等学校的群众组织，是教职工心声的传声器，是教职工参与学校民主决策的上佳通道。高校工会通过参与高校教育管理各项政策措施的制定，行使表决权，还可对高校教育管理政策措施执行落实情况进行全方位监督，担当高校管理者与教职工上传下达的桥梁。

第三节　高等学校行政管理创新

行政管理是高校日常教学工作、科研活动和师生管理动作的前提条件，在高校管理体系中既扮演了核心领导角色，又处于基层保障和服务地位。积极有效的高校行政管理系统，可以帮助高校整体教学科研等活动的顺利展开，起到向导、制约和调节的功能。

本节基于高校内部在职行政人员的调查研究数据，主要从高校行政管理体系目前存在的问题、高校行政管理改革的目标与定位以及高校行政管理创新的思路三个方面进行分析和阐述。

一、主要存在的问题

随着我国经济的发展，市场经济的蓬勃增长对我国各行业的管理理念都起到了一定的影响。其中高校行政管理制度不论是从改革思路，还是阶段性成效上都有了一定程度的收获，但不得不说相对于国外一些高水平高校的行政管理制度，我们依旧有很长一段路要走。

近年来，国家对高校的改革方向主要集中于科研能力、素质人才的培养等方面，社会大力提倡的"双创"，即创业和创新型人才，其培养重点也集中在教学方面，对我国高校行政管理方面的要求和重视度严重不足。

（1）管理制度落后。我们发现行政人员中年龄越大、工龄越长的人员对工作的满意度越高。而相对的年轻行政管理人员对现有工作存在更多不满情况。该数据从侧面反映了高校行政管理体系相对老旧沉闷，使得作为即将成为中坚力量的年轻行政管理人员无法得到应有的职务，然而这些年轻人正是激发高校创新改革的主动力。

（2）人员培训不足。目前我国高校行政管理岗位人员的组成结构比较复杂，在现行的高校行政管理制度下存在大量的"面子人员"，整体素质参差不齐。在行政管理人员的安排上常常出现无法兼顾岗位工作性质与性格匹配度之间的关系，并且岗前培训和人员技能培训等都缺乏针对性和有效性。这使得众多高校行政管理人员对本岗位工作内容和职责理解的缺失，只能凭着直接领导及前辈同事的安排和经验开展工作，使得工作效率低下，毫无创新。在职位的晋升上考虑更多的是工作年限以及相关学术期刊的文献发表，而并非实际工作中的能力展现。这也严重限制了优秀的年轻行政管理人员快速提升成长和晋升的速度，同时在某种意义上也形成了一个错误的指导方向——日常工作成绩并不是工作的中心，这就使得高校整体的管理水平提升受到了极大阻碍。

二、高校行政管理改革的目标与定位

随着我国经济的飞速发展，企业管理思想方法切实影响着高校行政管理制度。在20世纪80年代，美国等高等教育发达国家的高校就已经开始引进企业管理的思想来进行相应的管理工作。而在我国，虽然有部分学者较早地开始了相关内容的讨论，但直到20世纪90年代后期才逐步出现相关文献的讨论。而直到近年，我国高校才逐步实施相关改革。我们知道实施一个体系的改革，需要观念上的转变，以及工具等技术上的支持，二者缺一不可。

（1）以人为本。我国高校行政体系的改革是一项庞大复杂的工程，首先是要建立人本理念，创造良好的环境，做到优化人才环境，增强人才匹配和最大化岗位功能。在高校行政管理体系中，以人为本的管理理念对于高校领导者提出了较高的要求，需要在管理过程中以人为出发点，调动激发高校行政管理人员工作中的主动性、积极性和创造性，让各层级的行政管理人员在工作中找到自我价值的实现。尤其是在高校行政管理体系中，高学历知识群体人员占有较大比例，此类群体需要更多精神上的关怀和激励。

（2）创新管理手段。除了整体的思想转变，在高校行政改革中也需要一些科学的管理手段，做到有效考核，规范评判，重视优秀行政管理人员的招聘、培养与激励。合理引用科学的管理工具，如教学质量评价，价值链管理，师生关系管理，SWOT 矩阵分析，KPI 绩效考核等。我国现在已有不少高校也在管理中引入了相应的科学管理工具和模式，但如何能够结合我国高校行政管理体系的现状加以高效合理地运用，也是一条颇为艰巨的探索创新之路。

（3）管理文化的建设。高校行政管理体系有别于其他企业、机构或组织，想要全面提高高校行政管理机制就必须摒弃单纯靠制度和指标来制约的粗放式管理方法，它必须是靠每一位高校行政管理人员的自觉意识。在继承高校已有的文化传统之余，要根据新时代环境变化和学生群体变化等具体情况，制定出与时俱进的高校行政管理目标。学校在日常规章制度之外，可以真正做到为学生服务、为高校发展服务。在有重大决策的时候，可以广泛调动起教职员工和学生群体的积极性，尽可能做到科学、民主。

三、高校行政管理的新思路

我国高校行政管理制度改革缺乏自身动力，贯彻执行和监管等环节均有疏漏，来自高校内部的改革需求较弱，大多数是注重决策而无有力的后续执行监督；高密度的会议，却缺少实际步骤的实施方案，此类现象广泛存在。为改进这些问题，从而提出以下建议：

（1）集体智慧的发掘。集体智慧的发掘和应用在高校行政管理中具有巨大的潜力，也可以推动科学民主精神的发展。高校需尽快建立和完善决策及相应监管机制，强调集体智慧的重要性，听取来自各方面的声音，让广大教职员工和学生都能够参与其中。发扬主人翁意识，参与管理和监督，加强对本校的认同感，提高凝聚力进而提高整体工作效率和生产力。

（2）创新管理工具和模型。执行力是保证组织和机构贯彻执行相关决策的重要保证之一，也是我国高校行政管理体系中非常欠缺的部分。可以说，执行力是高校行政管理的出发点和归宿，没有有力的执行，再正确的决策都将变得毫无意义。

想要全面提高高校行政管理人员的执行力和工作效率，就需要进入更为合理的管理工具和机制，创造一个公平公正、公开透明的考核激励环境。如用KPI绩效考核指标来引导阶段性工作和考核重点，PDCA闭环来监督执行过程质量，7S管理方法来规范化、标准化基础日常活动等，以此激发行政管理人员的进取精神和创新意识，营造积极向上的工作氛围。

（3）电子信息化管理。随着互联网的不断发展，以及网络化在年轻人中的不断扩大和渗透，"互联网+"的概念也应该在高校行政管理中得到贯彻。建立完善的校园网络平台，更加全面生动地展示高校行政管理工作，提高消息传递与反馈速度，如网上教学质量评价体系，行政材料网上申领报销系统等。既符合现代年轻人尤其是大学生的生活习惯，有利于了解学生更全面的想法和动态，也直接提高了工作效率，减少不必要的人力消耗。

第四节　高等学校校院两级教学管理创新

校院两级教学管理创新是高校管理创新的重要组成部分，其实施需要借助校院两级管理。在我国，随着高校扩招政策的实施，我国综合性大学的数量逐渐增多，并且开始设置二级学院，在这种情况下，校院两级管理开始盛行。对于高校来说，在市场经济环境下，为了实现自身的生存和发展，需要对校院二级教学管理进行创新。

一、高等学校实施校院两级教学管理的意义

（一）适应创新发展的需要

受计划经济体制的影响和制约，我国传统的高等教育管理属于条块分割、封闭式发展，并且办学单位都没有自主办学的权力，上级主管部门对学校制约过于严格，在一定程度上抑制了办学主体的积极性，同时制约了高等学校的自主发展，进一步导致教育资源浪费。从20世纪末开始，我国高等教育开始推广实施宏观管理体制，传统的三级管理模式逐渐向两级管理模式转变（中央、地方共同管理），将办学的自主权交给了高校，在这种情况下，必须对教学管理进行创新，基于此，校院两级管理模式应运而生。

（二）适应了高校规模的扩大

在我国，随着高校扩招政策的不断实施，高等教育已经由传统的精英教育进入普通家庭，高校的招生人数不断增加，办学规模逐渐扩大，对于一所高等院校来说，在校生数量2~3万人已经成为普遍现象，有的高校甚至更多，单个学院学生人数超过千人的现象早已不是传统的大系。在这种情况下，传统的教学管理工作已经不能满足

当前教学管理的需要，庞大的学生规模增加了校级教学管理的难度，同时降低了管理效率，对于从事管理工作的教务部门来说，显然力不从心。对于高等学校来说，通过实施校院两级教学管理模式，可以充分发挥院级教学管理的作用，不断缩小校级管理跨度，在一定程度上有利于发挥高校的宏观调控职能，节约学校管理者的管理时间，进而将时间、精力集中到高校未来发展的工作方面。

（三）是实施学分制创新的必由之路

在我国，受计划经济体制的影响和制约，高等学校普遍采用学年制的教学管理模式，从某种意义上说，这种管理模式的优点是统一、计划管理，在一定程度上保证了教学活动正常进行。但是，在知识经济时代，这种教学模式的弊端日益明显，主要表现为：在组织开展教育教学活动时，整个教学过程受严密的教学计划的影响和制约，由于管理环节多，管理复杂，进一步增加了管理成本。对于基层教学单位来说，由于参与教学管理的范围比较小，深度不够，进而难以充分发挥自身的积极性、创造性，导致学生普遍缺乏学习的自觉性，在同时入学、同时毕业，接受同一老师讲授相同内容的基础上，使得学生难以充分发挥自身的个性。在这种情况下，因材施教、尊重个性成为一句空话。随着全球经济一体化进程的不断推进，世界名校的学分制管理模式进入我国高校，进一步增加了我国高校培养人才的灵活性，同时增加了学生选择的机会，扩大了自由度，基于此必须创新传统的学年制教学管理模式，以此适应学分制管理的要求。从某种意义上说，学分制管理更加尊重个性，方式更加灵活多样。与学年制教学管理模式相比，学分制教学管理更加繁杂，在这种情况下，仅仅依靠校级教学管理部门难以对教学实现有效管理，所以实行校院两级教学管理成为必然。

二、实行校院两级教学管理遵循的原则

对于高等学校来说，在实行校院两级教学管理的过程中，需要遵循以下原则：

（一）整体性原则

对于高等学校来说，教学管理是一个动态的系统，虽然推行校院两级教学管理模式，但是，同样是一个统一的整体。在组织开展校院两级教学管理工作时，只是分工、管理重点、责任有所不同，但是需要各职能部门相互合作、相互配合共同完成教学管理工作。

（二）统一指挥原则

所谓指挥是指在同一个管理体系中，上级给下级分派任务，可以说指挥的过程也是沟通、协调的过程。对于高等学校来说，在校院两级教学管理中，需要明确指挥者，防止出现多头指挥的现象，否则会影响下级工作地顺利展开。

（三）权责适应的原则

对于高等学校来说，实施校院两级教学管理后，需要明确规定双方的权利、责任，尤其是二级学院，一方面分配责任和任务；另一方面需要给予其明确的权力，确保权力与责任相互一致，彼此相互适应。

（四）目标一致原则

对于高等学校来说，在推行校院两级教学管理的过程中，通过分解学校目标进而形成学院管理目标，在整个学校目标中，学院管理目标是重要组成部分。因此，在管理目标方面，校院两级需要保持一致性，在工作过程中要加强沟通，加强合作，形成一个统一体。

（五）高效原则

对于高等学校来说，在市场经济环境下，实施校院两级教学管理模式，就是提高管理效率。因为高等学校在组织开展校院两级管理工作时，需要对学校一级的权力进行分散，将权利向学院转移，在一定程度上激发各学院管理的积极性。

三、实施校院两级教学管理需要注意的问题

在市场经济环境下，为确保校院两级教学管理工作顺利进行，对于高等学校来说，在实施校院两级教学管理时，需要注意以下问题。

（一）在教学管理中理顺校院两级的关系

在我国，受计划经济体制的影响和制约，在实施校院两级教学管理时，一般会出现两种现象：一种是学校层级的管理依然较为严格(过细、过死)，导致学院管理受到约束，进而难以放开手脚，或者管理手段缺乏有效性；另一种是学院依赖性过强，遇到困难问题依然向上级请示汇报，缺乏独立解决问题的能力，以及创新精神。从某种意义上说，存在这两种现象，主要是没有理顺二者之间的关系，使得教学管理的效率、效益受到不同程度的影响。基于此，高等学校在实施校院两级教学管理时，校级需要调整自身的管理模式，由过程管理向目标管理转变，将管理重心下移，真正发挥院级管理的积极性。

（二）完善二级学院机构设置，丰富教学管理手段

对于高等学校来说，在实施校院两级管理时，机构设置和管理手段最能体现校院两级教学管理的特征，这是因为机构设置与教学管理手段的合理性在一定程度上直接决定着学校教学管理活动的实施和实效，同时也决定着高校校院两级教学管理的成功。

首先，完善二级学院机构设置，明确职责和分工。对于高等学校来说，完善的学院一级教学机构是有效实施校院两级教学管理的基础。对于学院来说，可以单独设立

教学管理办公室，确保其与行政办公室拥有同样的行政权力。

其次，丰富教学管理手段。对于高等学校来说，为了与社会进步保持一致，需要教学管理手段现代化，科学、高效的信息交互平台是校院两级教学管理顺利实施的基础，借助信息交互平台，可以及时了解校院两级教学管理人员的需求，可以有效解决学校教学管理任务信息量大、信息传达滞后等问题，进而在一定程度上提高校院两级教学管理决策的准确性。

（三）学校对学院教学管理活动加强评估和指导

学校在实施校院两级管理时，在调查研究的基础上，建立一套科学合理的教学评估体系，对教学活动规律进行评估，对学院加强评估检查，加强监控学院的教学质量。同时引入奖惩机制，对于教学管理秩序好、成绩突出的学院，加大奖励力度。

（四）对学院教学管理活动加大协调力度

在高等学校在实施校院两级教学管理的过程中，具体的管理工作由学院来负责，单靠一个学院的力量难以解决涉及全校或学校各职能部门、各兄弟学院的具体工作，在这种情况下，学校需要对各学院，以及学院与职能部门进行协调，在一定程度上确保各学院顺利开展工作，同时营造良好的校园环境氛围。

（五）建设基层教学管理队伍，提高教学管理人员专业化程度

对于高等学校来说，在整个教学管理过程中，基层教学管理人员是最直接的参与者，一方面是教学管理的执行者、组织者和协调者；另一方面也是稳定教学秩序、规范教学管理的核心，可以说，基层教学管理人员自身的素质、能力在一定程度上直接决定着学校、学院的教学管理工作质量。基于此，高等学校在实施校院两级教学管理中，需要注重建设基层教学管理队伍。

首先，建立教学管理人员准入制度。针对高校教学管理工作实际情况，教育行政管理部门需要建立教学管理人员准入制度，在选拔录用教学管理人员时，从源头把关，实现教学管理队伍的专业化。

其次，完善教学管理人员培训体系。对于高校来说，在培训体系方面，需要确保培训内容与培训方法相互匹配，一方面因材施教，针对受训者的实际情况（能力、岗位、个人发展等），选择合理的培训内容和培训方法；另一方面理论联系实际、学以致用，以实际工作需要为出发点，紧贴高校教学管理工作需要。

在我国，随着高校扩招政策的不断实施，校院两级教学管理是高校办学规模实现跨越式发展的必然，在一定程度上满足了多元化人才培养模式的需要，是提高教育教学质量的动力。校院两级教学管理创新作为高校管理创新的重要组成部分，随着综合性大学数量的不断增加，高校普遍设置了二级学院，校院两级管理经过多年的施行，其管理效果受到众多高校地广泛认可和推崇，并且其价值有待进一步挖掘。

参考文献

[1] 薛桐，郑毅，刘文斌. 组织结构视角下我国高校绩效管理框架研究 [J]. 科研管理.2016.

[2] 祁占勇. 高校绩效管理的本质特征及其价值取向 [J]. 教育研究.2013.

[3] 程国方，石贵舟. 绩效管理视域下的高校管理创新研究 [J]. 江苏高教.2012.

[4] 熊娜，撒晶晶，曾春丽，王秋娜，田映红. 政府会计改革对高校财务管理的影响 [J]. 会计之友，2018(2).

[5] 周岚. 管理会计在高校财务管理中的应用 [J]. 经济师，2018(8).

[6] 谢妍，高校科研经费管理存在的问题及对策探究 [J]. 中国总会计师，2018(3).

[7] 郭璐佳. 权责发生制视角下的政府会计制度改革特征与路径分析 [J]. 预算管理与会计，2018(1).

[8] 李毅青. 内部控制视角下高校财务管理工作研究 [J]. 财会学习，2017(7)：244，246.

[9] 王长涛. 试论高校财务内部控制存在的问题及解决对策 [J]. 齐鲁珠坛，2017(5)：58-61.

[10] 李乔. 内部控制视角下高校财务管理优化措施探究 [J]. 行政事业资产与财务，2017(36)：76，78.

[11] 沈岳. 基于绩效导向的高校财务管理控制 [J]. 现代经济信息，2015(21)：145-146.

[12] 张琪. 以绩效为导向的高校财务管理探析 [J]. 消费导刊，2017(4)：27-27.

[13] 陆咸良. 以绩效为导向的高校财务管理研究 [J]. 财会通讯，2015(5)：81-83.

[14] 蒋倩. 基于绩效导向的高职院校财务管理研究 [J]. 中国乡镇企业会计，2015(9)：96-97.

[15] 孙喜元. 浅谈高校财务管理存在的问题及对策 [J]. 经贸实战，2017(11)：180.

[16] 朱颖颖. 高校财务管理问题及对策分析与探讨 [J]. 全国商情（经济理论研究），2009(15)：80-83+113.

[17] 张莉莉. 当前时期下高校财务管理存在的问题及对策研究 [J]. 中国集体经济，2016(34)：124-125.

[18] 刘正兵. 基于财务风险管控视角的高校内部控制框架体系构建研究 [J]. 苏州大学学报（哲学社会科学版），2013.34(2)：120-124.

[19] 王卫星，赵刚. 高校内部控制评价指标体系的构建与应用 [J]. 审计与经济研究，2008.23(6)：93-97.

[20] 柴伟. 内部控制视角下事业单位固定资产管理的探讨 [J]. 当代会计，2015(2)：43-45.

[21] 夏新根. 科研事业单位加强固定资产管理探析——基于内部控制视角 [J]. 价值工程，2010.29(34)：132-133.

[22] 刘正兵. 基于财务风险管控视角的高校内部控制框架体系构建研究 [J]. 苏州大学学报（哲学社会科学版），2013.34(2)：120-124.